AF514578

periplaneta

BELLA BENDER „Die artgerechte Haltung von Gedanken"
2. Auflage, Februar 2023, Periplaneta Berlin,

Inh. Marion Alexa Müller, Bornholmer Str. 81a, 10439 Berlin
www.periplaneta.com - impressum@periplaneta.eu

Lektorat: Laura Alt
Cover: Julia Klaiber
Satz & Layout: Thomas Manegold
Gedruckt und gebunden in Deutschland
Gedruckt auf FSC- und PEFC-zertifiziertem Werkdruckpapier

print ISBN: 978-3-95996-132-5
epub ISBN: 978-3-95996-133-2

Bella Bender

Die artgerechte Haltung von Gedanken

Kurzgeschichten

periplaneta

Für meine Schwester Katharina,
weil sie stark und mutig ist.

Der Turm

Er war eine Stunde zu früh. Langsam sah er sich um, doch die Straßenschilder ließen sich nicht lesen. Schließlich drehte er sich nach Norden und machte sich auf den Weg, die Hände in den Taschen und den Blick zu Boden gerichtet. Das Pflaster zeigte vor seinen auf- und abtanzenden Lederschuhen ein eigenwilliges Muster. Der Bürgersteig war von ungewöhnlicher Sauberkeit, nur ein einsamer Zigarettenstummel lag unter der Kante seines Schuhs. Verwirrt hob er seinen Fuß und der Stummel flog im Wind davon, wirbelte durch die Luft und die Straße hinab. Er blieb stehen, hob seinen Kopf und wartete, bis die Kippe aus seinem Sichtfeld verschwunden war und ihm wieder einfiel, dass er es eilig hatte.

Erneut ließ er seinen Blick demütig sinken und eilte weiter die Straße hinauf. Es kamen ihm auf seiner Seite kaum Menschen entgegen. Nur ein paarmal hob er seinen Kopf, um zu prüfen, ob er sich noch auf dem richtigen Weg befand. Doch Orientierung war schwer, jede Straßenecke glich der nächsten, es gab nur ein paar Details, die ihm von Veränderungen erzählten. Manchmal war es eine besonders auffällige Leuchtreklame, manchmal auch eine alte Tür im Hauseingang oder ein mit Blumen bepflanzter Balkon im ersten Stock. Akribisch zählte er jede Straße, die er überquerte, warf bei jedem Häuserblock, den er hinter sich ließ, einen Blick nach rechts und nach links, spähte vorsichtig in die Schluchten, die sich vor seinen Augen auftaten.

Erst als jemand ihn anrempelte, richtete er sich auf und wagte es im Vorbeigehen, seine Umgebung genauer zu beobachten. Den Kopf erhoben begann er, zu rennen, und versuchte nicht daran zu denken, dass er niemals schnell genug sein konnte, um die Zeit am Fliehen zu hindern. Einige Geschäfte lagen auf seinem Weg. Eigenartig, die Schaufenster leuchteten, dennoch konnte er keine Ware in den Auslagen erkennen. Verkäufer standen hinter den Theken, als ob sie auf etwas warteten. Nur worauf? Auf Besucher, die sie nicht bedienen konnten?

Sein kurzes, scharfes Einatmen, als er vor dem hohen Gebäude, das er suchte, zum Stehen kam. Die Fenster lagen tief in der Fassade, die Scheiben waren verspiegelt. Er wusste nicht, wieso er das so empfand, aber das Gebäude schüchterte ihn auf eine sehr vertraute Art und Weise ein. Er betrat das Foyer durch eine quietschende Drehtür. Unsicher blickte er sich um. Er stand in einer Empfangshalle, sie kam ihm imposant, sogar monumental vor: Der dunkle Holzboden glänzte, auch die Wandtäfelungen aus Marmor schienen in der Morgensonne, die durch die Fenster hineinfiel. Seine Schritte, die er vorsichtig setzte, klangen so laut, dass er sich schämte, auch wenn niemand hier war, um sie zu hören. Am Ende der Halle erkannte er eine Rezeption, eine von diesen Empfangstheken, hinter der man eine freundliche Frau mit sanfter Stimme und angenehmem Lächeln erwarten würde, nur war der Platz hinter der Theke leer.

‚Wie merkwürdig,' dachte er, ‚dabei ist es noch so früh. Warum sitzt denn niemand am Empfang?' Er sah sich um. Eine breite Treppe und ein Aufzug führten in die oberen Etagen. Sein Termin sollte im zehnten Stock stattfinden. Der Aufzug sah ziemlich eng aus. Seine Hände zu Fäusten geballt, blieb er vor der Aufzugtür stehen, so, als ob er eine schwere Entscheidung treffen müsse. Lächerlich kam er sich dabei vor, so unendlich lächerlich.

Er hörte Schritte und drehte sich um. Vor ihm stand eine Frau, das Gesicht schön, ihr Lächeln abweisend. Das Haar hatte sie streng zurückgesteckt und ihre schwarzweiße Kleidung sah aus wie eine Uniform. Er versuchte, ihren Blick aufzufangen, aber sie lief an ihm vorbei, drückte auf den Knopf und stieg in den Aufzug.

„Warten Sie!", rief er, „Ich war zuerst hier, ich sollte mit einsteigen."

„Aber das sind Sie nicht", sagte sie und die gläsernen Türen schlossen sich.

Er protestierte nicht einmal, sondern blieb stehen und sah zu, wie der Lift nach oben schwebte.

Schließlich entschied er sich, die Treppe zu nehmen. Nach den ersten drei Stockwerken geriet er ins Schwitzen. Er zog den

Mantel aus und wunderte sich, wie schwer das Stück aus Schurwolle war. ‚Dafür ist es inzwischen zu warm,' dachte er, ‚sieh doch, wie schön die Sonne draußen scheint. An einem Frühlingstag kreuzt du im Wintermantel auf. Was werden sie nur von dir denken.'

Seine Erschöpfung irritierte ihn. Er versuchte, sich zu ermutigen, und sprach zu sich selbst: ‚Komm schon. Es sind nur ein paar Treppen. Die müssten ja zu schaffen sein.'

Das Treppenhaus schien sich immer weiter in die Länge zu ziehen. Gerne hätte er gewusst, wie viel Zeit seit dem Erdgeschoss vergangen war. Er blickte kurz auf sein Handgelenk und erschrak, als ihm auffiel, dass seine Armbanduhr fehlte. Sie war ein billiges Stück gewesen und hatte ihm nicht gefallen, trotzdem beunruhigte ihn ihr Verschwinden und er fühlte sich alleingelassen. Er hatte nun fünf Stockwerke hinter sich gebracht und fragte sich, in welche Richtung die Korridore führten, denn sie erschienen ihm endlos und leer. Warum begegnete er auf dem Weg niemandem? War er im falschen Treppenhaus gelandet? Er sah sich um, konnte jedoch dafür keine Hinweise entdecken.

Während er beharrlich weiter die Stufen hinaufstieg, versuchte er, nicht an das Vergehen der Zeit zu denken, nicht die Sekunden und Minuten zu zählen. Sein Atem und seine Schritte gaben den Takt vor, dem er weiterhin folgte. Manchmal fielen ihm sogar die Augen zu, wenn er sich zwang, einfach weiterzugehen. ‚Nicht stehenbleiben,' dachte er, ‚vielleicht schaffst du es noch.'

Als er den zehnten Stock erreichte, pochte sein Herz so stark, dass es schmerzte.

„Gehen Sie zur linken Seite, die dritte Tür", hatten sie ihm gesagt, „Dort finden Sie uns."

Er verließ das Treppenhaus und wandte sich nach links. Doch als er die Tür suchte, traute er seinen Augen kaum: Vor ihm lagen glatte Wände. Keine Türen waren zu sehen, nicht einmal, als er den Korridor auf- und ablief und nach Vertiefungen in der Mauer suchte, nach irgendeinem Hinweis für einen Raum, der sich ihm verbarg.

„Wo ist es, wo ist es ...“, murmelte er.

Seinem Sehvermögen schien er nicht trauen zu können, also schloss er die Augen und ließ seine Hände über die Oberfläche gleiten, erst sanft und vorsichtig, schließlich grob und rücksichtslos. Er spürte, wie seine Haut zerkratzt wurde, dennoch zog er seine Hände nicht zurück. Sie versuchten, etwas zu finden, zu ergreifen – und scheiterten. Er schlug sie gegen die Wand, so als könne ihre Kraft das Gemäuer einreißen. Er hörte, wie die Handknochen brachen, doch sein Zorn war stärker als sein Schmerz.

Er öffnete die Augen wieder, drehte sich um und lief zurück zum Treppenhaus. Als er sich auf den Weg nach unten machte, wuchs sein Schmerz mit jeder Stufe, die er hinabstieg. Er ballte die gebrochenen Hände zu Fäusten. Ein Fehler. Der Schmerz ließ ihn in die Knie gehen. Schwer atmend kauerte er sich auf der schmalen Stufe zusammen. ‚Steh auf!‘, versuchte er, sich zu motivieren, doch sein Körper wollte nicht auf die warnende Stimme hören.

Der Abstieg war mühselig und schmerzhaft. Wehmütig betrachtete er all die Treppenstufen. So sehr er daran gezweifelt hatte, die Treppen bis ins zehnte Stockwerk erklimmen zu können, zweifelte er nun daran, den Rückweg aus eigener Kraft zu schaffen. Vorsichtig linste er am Geländer vorbei in die Tiefe. Er meinte, bereits die Eingangshalle durch die Öffnung im Treppenhaus ausmachen zu können, und bedauerte es, dass er sich nicht einfach hinabfallen lassen konnte. Er betrachtete die Treppenstufe unter sich, betastete die Kanten und wägte kurz ab. Vielleicht war ein freier Fall tödlich. Das hieß nicht, dass er die Schwerkraft nicht für sich nutzen konnte.

Er beugte den Kopf, legte seine gebrochenen Hände über seinen Bauch und ließ sich nach vorne fallen, fast wie bei einem Kopfsprung ins Wasser. Einer Kugel gleich, kullerte er die Wendeltreppe hinunter, Stufe um Stufe schlug sein Körper an die Kanten. Er biss die Zähne zusammen, denn dieser Abgang war vielleicht weniger ermüdend, dafür aber umso schmerzhafter. Er spürte, wie er schneller wurde und er immer stärker gegen Widerstände stieß, doch er versuchte, keinen Laut von sich zu geben. Stattdessen verlor er sein Gefühl in einem rauschenden Wirbel aus Farben, Formen, vergehender Zeit und stärker werdendem Schmerz, bis er freigegeben wurde und mit dem Rücken auf dem polierten Holzboden der Eingangshalle lag. Vorsichtig ließ er seinen Blick umherschweifen. Nichts hatte sich verändert, die Halle war nach wie vor leer, niemand wartete am Empfang. Er hörte den leisen Glockenton des Aufzugs und die fremde Frau stieg wieder aus. Es schien sie nicht zu überraschen, ihn am Boden zu sehen. Sie fragte ihn nur: „Wollten Sie nicht nach oben? Der Aufzug ist jetzt frei."

Er antwortete nicht. Stattdessen stand er auf und eilte an ihr vorbei. Als er ins Freie trat, sah er seine gebrochenen Hände und verlor sich in einem Schmerzensschrei, der die Straßen entlang hallte. Er war überrascht von der eigenen Stimme, denn er hatte nicht gewusst, dass sie zu solcher Lautstärke fähig war.

Hektisch sah er sich um. Er erinnerte sich, nach Norden gegangen zu sein, doch der Stand der Sonne hatte sich verändert und ihm war nicht bewusst, wie viel Zeit im Turm vergangen war.

„Wo ist der Norden?", rief er panisch, „Wo ist der Norden?"

Er drehte sich im Kreis.

„Verloren habe ich ihn, verloren", murmelte er.

Am Zaun entlang

Ich sage etwas zu ihr, aber sie antwortet nicht. Ich wiederhole meinen Satz, bis mir auffällt, dass sie Kopfhörer trägt. Eine Sekunde später komme ich mir idiotisch vor. Ihr Blick ist stur auf den flackernden Bildschirm ihres Laptops gerichtet, sie verzieht keine Miene. Ich stehe auf und gehe in der Hütte umher, um das Gefühl der Unruhe zu vertreiben. Als ich dicht an ihr vorbeilaufe, hebt sie kurz den Kopf. Dennoch fragt sie mich nicht, was los ist, das wäre nicht ihre Art. Sie existiert neben mir, mal schweigend, mal sprechend, aber nicht mit mir. Sie weiß das ebenso gut wie ich.

Ich stoße die Tür auf. Die Gewalt des Ozeans ist fast greifbar: Meterhohe Wellen brechen an einem einsamen Strand am Fuß des Hügels, auf dem einst Missionare diese Hütte gebaut haben. Das Wort Strandspaziergang gewinnt hier eine neue Bedeutung. Ich habe mich oft gefragt, wie weit man laufen muss, bis einem ein anderer Mensch begegnet, wie lange es dauert, bis man wieder ein Haus oder ein Dorf entdeckt. Ich trete über die Schwelle und spüre das nasse Gras unter meinen nackten Füßen. Der Tag endet. Wolken hängen tief zwischen den grünen Hügeln. Das Wasser ist hier in der Übermacht. Die Erde hat sich davon vollgesogen, grauer Dunst fließt ins Meer und Regen legt sich wie ein feuchtes Tuch auf die Landschaft. Alles ertrinkt in Grün und Grau. Ich schreite hinaus in den Sprühregen. Langsam drehe ich mich um und sehe, dass sie mich vom Bett aus anschaut. Zufrieden bemerke ich ihre Irritation. Dennoch weiche ich ihrem Blick aus und wende mich wieder dem Anblick der Küste zu. Die Wellen steigen höher und kündigen die Flut an. Es sieht so aus, als fräße sich der Ozean ins Land, verschlinge in seiner Gier alles, was er bekommen kann. Seine Unersättlichkeit ängstigt mich nicht. Im Gegenteil, ich kann das gut verstehen.

Sie hat oft gesagt, sie respektiere das Wasser, dabei hat sie in Wirklichkeit Angst davor. Ich fürchte mich nicht vor den hohen

Wellen, sie verführen mich, alle Befürchtungen, Einschränkungen und Warnungen zu vergessen und mich davontreiben zu lassen.

„Schwimm nicht zu weit raus", warnte sie mich oft, „Ich muss dich noch sehen können."

Dachte sie wirklich, sie hätte mir helfen können, nur weil ich in ihrem Sichtfeld war? Dinge sind vor ihren Augen geschehen. Sie hätte sie verhindern können, aber das hat sie nicht. Wieso? Vielleicht hat sie es erst im Nachhinein begriffen oder sie war einfach zu bequem. Möglicherweise wollte sie sich heraushalten. Ich kann nur Vermutungen anstellen, denn mir hat sie den Grund nie verraten.

Ich verspüre Lust, in die See hinauszuschwimmen, mich davontragen zu lassen von den Fluten oder in die Dunkelheit hinauszuwandern, immer weiter, nach Osten oder nach Westen, das ist mir egal, stundenlang nur die Hügel entlang, bis ich ein fremdes Dach finde, unter dem ich schlafen kann. Doch ein Zaun trennt mich von der atemberaubenden Landschaft. Er beginnt ein paar Meter vor der Hütte und zieht sich kilometerlang in die eine und die andere Richtung. Langsam trete ich heran und umklammere einen der Drähte mit der linken Hand. Im Garten stehen zwei andere Reisende, die den Ausblick genießen. Doch was ist das für eine Sicht, wenn man zuerst durch den Stacheldraht hindurchsehen muss? Ich schlendere am Zaun entlang, bis ich die andere Seite des Hügels erreicht habe. Hier ist der Wind stärker, er zerrt an meiner Kleidung, so, als wolle er sie einfach davontragen und mich nackt in dieser menschenleeren Weite zurücklassen. Ich drehe mich um, schaue zurück und bin froh darüber, dass ich die anderen nicht mehr sehen kann. Ihre Gesellschaft ertrage ich in letzter Zeit nur schwer. Plötzlich flammt die altbekannte Wut wieder in mir auf. Ich kenne das Gefühl inzwischen zu gut, um dagegen anzukämpfen. Stattdessen zwinge ich mich, nicht das zu vergessen, was ich längst hätte verinnerlichen sollen, und versuche, mich daran zu erinnern, dass ich niemandem etwas schuldig bin und dass ich mir selbst gehöre.

Dennoch komme ich nicht umhin, mich zu fragen, warum ich dann immer noch gehorsam am Zaun entlanglaufe. ‚Wenn du angeblich tun kannst, was du willst,' frage ich mich, ‚warum tust du dann nicht, was du willst?'

Ich beginne, zu laufen. Meine Füße sinken in die feuchte Erde ein, aber das interessiert mich ebenso wenig wie die Grashalme, die an meinen Waden klebenbleiben. Alles rauscht an mir vorbei: die sanften Hügel zu meiner Rechten, der Zaun zu meiner Linken. So vergehen ein paar Minuten, bis ich auf der linken Seite etwas aufblitzen sehe. Schwer atmend bleibe ich vor einem Tor stehen. Ich hebe meine Hand, drücke dagegen und lache, als es aufschwingt und mich die andere Seite betreten lässt. Langsam setze ich meine Füße auf den feuchten Grund und spüre wieder das, was ich zuvor nicht mehr bemerkt habe: die Grashalme unter den Zehen, die feinen Regentropfen auf der Haut. Ich höre das Rauschen der Wellen und beschließe, hinab zum Wasser zu steigen.

Die Sandbänke vor den Felsen sind noch zu sehen. Während der Ebbe muss man hier erst einige Meter durchs Wasser waten, bis man schwimmen kann. Sie hat es nie gerne gesehen, wenn ich während der Flut baden wollte.

„Es ist egal, ob du gut schwimmen kannst", sagte sie, „Wenn die Strömung zu stark ist, zieht es dich raus ins Meer, egal, wie sehr du dich dagegen wehrst."

Ich lege Hemd und Hose auf einem Felsen ab und wate ein Stück ins Wasser. Letztendlich komme ich mir albern dabei vor, meine Unterwäsche anzubehalten. Ich laufe zurück zum Felsen und ziehe mich vollständig aus, bis ich nackt ins Meerwasser sinke und langsam hinaustreibe. Die See sieht aus wie wogende schwarze Tinte. Arme und Beine verschwinden unter der glänzenden Oberfläche. Es wird allmählich dunkler und kühler hier draußen. Ich halte die Luft an und tauche so lange, bis meine Lungen nach Luft schreien. Als ich bemerke, dass ich inzwischen weit vom Ufer entfernt bin, verspüre ich für einen kurzen Moment Angst, fange mich aber schnell wieder und schwimme zurück. Ich muss ein Stück abgetrieben sein, denn als ich aus dem Wasser steige, finde ich zuerst die Stelle nicht mehr, an der ich meine Kleider gelassen habe. Nackt und gebückt klettere ich über die Felsen und fühle mich dabei wie ein Tier. Endlich ertasten meine Hände weichen Stoff. Ich ziehe mich wieder an und schaue zurück auf das Wasser, das weiter steigt. In meiner Hosentasche finde ich mein Handy und etwas Geld. Viel habe ich nicht dabei, aber es wird reichen, um mir morgen früh Wasser, Essen und ein Busticket zu kaufen.

Ich lasse den Strand hinter mir und laufe in die Richtung, in die meine Füße mich tragen. Ein paar Stunden wird es dauern, bis ich das nächste Dorf erreiche. Ich frage mich, wann sie beginnen wird, sich Sorgen zu machen. Wahrscheinlich wird sie heute Nacht nicht schlafen und mich immer wieder anrufen. Ich werde nicht antworten, sooft sie es auch versuchen wird. Sie wird sich fragen, ob mir etwas zugestoßen ist, dabei bin ich einfach nicht da. Mit Sicherheit wird sie den anderen Bescheid sagen und mit ihnen darüber beraten, ob sie die Polizei einschalten sollen. Morgen, wenn für mich die Sonne längst über einer ungezähmten Landschaft aufgegangen sein wird, wird sie aus der Hütte treten und sich fragen, wohin ich verschwunden bin. Und auch, wenn sie sich denken wird, dass ich nicht mehr wiederkomme, wird sie nach mir Ausschau halten und ihren Blick über die Hügel wandern lassen, wachsam am Zaun entlang.

Der Preis von Zucker

Ich habe Zuckerwasser in das Glas geschüttet, um die Tiere anzulocken. Dann habe ich einen Trichter auf den Behälter gelegt. Nähert sich eines der Insekten, fliegt es durch den Trichter nach unten. Zwar darf es ein wenig vom Zucker kosten, aber sobald es genug hat, werden seine Flügel nass und verklebt sein. Einige Versuche wird das Tier unternehmen. Es wird darum kämpfen, seine filigranen Beine loszulösen und nach oben zu fliegen, bis es schließlich die Kadaver der anderen entdecken wird, deren Gier sie das Leben gekostet hat.

Heute ist einer dieser Sommerabende, die mir ähnlich süß wie das Zuckerwasser vorkommen. Ich bin zuhause. Durch das geöffnete Küchenfenster fällt warmes Licht. Freizeit ist ein Luxus, dennoch weiß ich sie nicht zu schätzen, wenn ich sie genießen könnte.

Nein, Spaß wäre zu einfach. Ich will Küche und Balkon von den Fliegen befreien, die sich seit Wochen in der Obstschale tummeln, über den Ablagen umherschwirren, über das Essen herfallen und mich in den Wahnsinn treiben. Eigentlich wäre die Arbeit jetzt getan. Ich müsste nur die Falle belassen, wie sie ist, und ihre Existenz für eine Weile vergessen. Stattdessen stehe ich vor dieser Konstruktion und starre sie an, als sei ich schwer von Begriff. Vielleicht ist die Idee nicht besonders gerissen, dennoch fasziniert mich der Gedanke, dass ich nichts weiter tun muss, als zuzusehen, um ein Leben zu beenden.

Eine Fliege nähert sich. Fliegen haben keine große Intelligenz, sie wissen nicht, dass die Befriedigung ihrer Begierde in diesem Fall ihren Untergang bedeutet. Angst vor dem Tod kennen sie auch nicht, denn ihnen ist nicht bewusst, wie lächerlich kurz ihr Leben im Vergleich zu unserem ist. Kann man furchtlos vor etwas sein, weil man es nicht kennt? Wahrscheinlich ist es eher Gedankenlosigkeit. Leichtigkeit. Ich liebe die Leichtigkeit, mit der die Fliegen sich durch den Trichter in den Abgrund stürzen, die Eleganz, mit der sie sich in meine Falle begeben. Die Erste fliegt in das Glas.

Ich sehe, wie sie über der Wasseroberfläche schwebt, ihre winzigen Fühler ausstreckt und von dem Zucker kostet, für den sie mit ihrem kurzen Leben bezahlen wird. Ich weiß nicht, warum mir der Anblick eine so eigenartige Befriedigung verschafft. Die Fliege steigt wieder auf und versucht, den Weg zurück zu finden. Sie stößt wiederholt gegen die Wände und dreht sich im Kreis.

„Es ist zwecklos", sage ich leise, „Gib es auf. Zucker hat seinen Preis. Alles hat seinen Preis."

Weitere Fliegen nähern sich. Sie erkennen nicht den Todeskampf ihrer Artgenossin, der aus meiner Perspektive eher wie ein verzweifelter, ungelenker Tanz aussieht. Stattdessen verfallen sie ebenfalls der Versuchung und schwirren in das Glas.

Ich sollte aufhören, ihnen dabei zuzusehen. Es gäbe Besseres zu tun. Trotzdem bleibe ich, wo ich bin. Erst nach einer ganzen Weile wird mir klar, dass auch ich in eine Falle geraten bin. Das Töten erscheint mir süßer als Zucker es jemals sein könnte.

Ich finde mich selbst ekelhaft.

Anscheinend hat wenig Zeit ausgereicht. Bruchteile eines Augenblicks, die mich zur Mörderin gemacht haben, in denen ich mein Mitgefühl verlor. Ich beginne zu weinen, als ich zusehe, wie eine weitere Fliege langsam ins Wasser sinkt, das nun zu einem Massengrab wird. Doch ich bin nicht dumm. Ich weiß, dass ich nicht um ihr Leben trauere, sondern um das, was aus mir geworden ist. Die Konstruktion kommt mir jetzt nicht mehr genial vor. Wir alle treffen Entscheidungen. Eine Sache führt zu einer anderen. Ich habe mich dazu entschieden, ein paar Tiere zu töten. Aus der Entscheidung wird eine Tat.

Die letzte Fliege schwirrt in das Glas. Ich nehme den Trichter ab und schraube es zu. Die Augen des Insekts sehen aus wie rote Stecknadelköpfe, die Flügel sind dünner als ein Blatt Papier. Es sinkt immer tiefer, der Kampf ums Überleben dauert nicht lange. Für einen kurzen Augenblick überlege ich, das Glas wieder aufzuschrauben, aber es ist zu spät. Ich bin zu weit gegangen.

„Sieh mich an", flüstere ich, „Es gibt keine Zufälle. Ich bin der Tod."

Wir legen Wert auf Authentizität

Die Moderatorin blinzelte im Scheinwerferlicht. Es war kaum merklich, ein kurzes Flattern der Augenlider, doch er konnte es sehen. Ihr Kleid lag eng an und betonte ziemlich unvorteilhaft jene Stellen, die lieber nicht betont werden sollten. Sie lächelte breit und öffnete den Mund zu einer Ansprache. Er schaltete sofort ab.

„Ich freue mich sehr ... begrüße Sie ... offener Bühnenabend ... Kulturförderung in dieser Kleinstadt."

Und so weiter und so weiter. Er sah auf die Uhr. Auch wenn er darum gebeten hatte, zu Beginn des Abends auftreten zu dürfen, damit er nicht das ganze Programm ertragen musste, hatte sie ihn erst gegen elf Uhr eingeplant. Wut stieg in ihm hoch, als er an den Wortlaut ihrer ekelhaft freundlichen Mail denken musste: „Sie waren ja einer der Letzten, der sich angemeldet hat, also werden Sie um elf Uhr auftreten ... Bitte bedenken Sie, dass Ihnen nur zehn Minuten zur Verfügung stehen, da es bei der Offenen Bühne um Kleinkunst geht."

Kleinkunst. Allein schon das Wort war ein Verbrechen. So als müssten Künstler sich nicht ohnehin schon bei jeder Gelegenheit größer oder kleiner machen, als sie es eigentlich waren, wurden sie an diesem Abend alle in eine Schublade gesteckt, in eine ‚Nach Feierabend bin ich gerne mal kreativ'-Schublade. Er biss sich auf die Lippen, als die Moderatorin vollmundig eine „total tolle Jazzband" ankündigte und eine Gruppe mittelmäßig motivierter Mittfünfziger schließlich die Bühne betrat. Einzig die Sängerin lächelte einigermaßen überzeugend.

„Wir freuen uns ..."

‚Ach ja, worüber denn?', dachte er und lachte in Gedanken boshaft. ‚Das hier ist sicher nicht euer Traumpublikum und ihr seid denen auch gerade gut genug. Ihr habt nicht wirklich Grund euch zu freuen.' Er warf einen ungeduldigen Blick auf das zusammengerollte Skript in seiner Tasche, als sie zu spielen begannen – es war furchtbar. Die Sängerin versuchte, das unsensible Geschrammel auf der Gitarre zu übertönen und der Schlagzeuger wirkte so monoton wie eine Maschine, als er die Drumsticks schwang. Seufzend breitete er das Skript vor sich auf dem Tisch aus. Vielleicht war das eine gute Gelegenheit, noch einmal seinen Text durchzugehen, auch wenn er das Stück in- und auswendig kannte. Es beruhigte und beunruhigte ihn gleichermaßen, sich die vertrauten Zeilen noch einmal vor Augen zu führen, während schwerfälliger, durchschnittlicher Jazz den Kellerraum erfüllte. In diesem Augenblick war er dankbar dafür, dass jedem Künstler nur ein paar Minuten auf der Bühne gehörten.

Seine Hände verkrampften sich unter dem Tisch, als er an das Treffen mit dem Regisseur vor zwei Tagen dachte.

„Ihr Stück passt nicht hierher“, hatte er gesagt, „Tut mir leid, aber das, was Sie da schreiben, ist sehr speziell. Die Leute, die hierherkommen, wollen Klassiker sehen oder zumindest etwas, was dem klassischen Verständnis von Theater entspricht.“

„Warum stellen Sie die Leute nicht auf die Probe? Warum trauen Sie den Menschen nicht zu, dass sie einmal etwas anderes sehen wollen?“, hatte er gefragt, doch sein Gegenüber hatte ihm schon nicht mehr zugehört.

„Viel Glück.“ Der Regisseur war aufgestanden und hatte in seiner Tasche gekramt. „Ich muss jetzt gehen. Machen Sie’s gut.“

„Zu experimentell, nicht klassisch. Die Leute wollen etwas anderes sehen. Vergessen Sie nicht, dass es auch das Publikum ansprechen sollte. Wichtig ist nicht, was Ihnen gefällt, sondern was den Zuschauer reizt“, ahmte er ihn nach und verdrehte die Augen.

Die ältere Dame, die eine Reihe vor ihm an einem der kleinen Tische saß, drehte sich um und schaute ihn irritiert an.

„Guten Abend“, sagte er entschuldigend, „Tolle Musik, oder?“

Er setzte ein unsicheres Grinsen auf. Kopfschüttelnd wandte sie sich wieder um. Die Band ließ den letzten Ton unharmonisch ausjaulen und verließ die Bühne. Er atmete erleichtert auf, erhob sich und schritt zur Bar.

„Einen Rotwein, bitte."
„Treten Sie heute Abend auf?", fragte ihn die Barkeeperin.
„Ja."
„Dann kriegen Sie den Rotwein gratis. Künstler müssen nichts bezahlen."
„Dann ist das zumindest für etwas gut."
Er wandte sich um und lief zurück zu seinem Platz. Die füllige Moderatorin erklomm die Bühne. Die Holzstufen bebten unter ihren Schritten.
„Für die nötige Magie haben wir heute Abend Joachim zu Gast, der uns ein paar kleine ... Zaubertricks vorführen wird."
Seine Finger umklammerten krampfhaft den Stiel seines Rotweinglases, als nach der Moderatorin ein grauhaariger, schmächtiger Mann in einem schmuddeligen, bunten Kostüm und einem schwarzen Zylinder auf dem Kopf die Bühne betrat. Der sogenannte Zauberer atmete hektisch ein und aus und versprach, ein Tuch in seinem Daumen verschwinden zu lassen.
Er sah, wie einige Zuschauer mitleidig lächelten, als der Mann auf der Bühne ungeschickt das dünne Tuch in eine Plastikkappe auf seinem Daumen stopfte. Vielleicht dachte der Zauberer, man sehe den gefälschten Finger nicht, doch die Scheinwerfer betonten die Schwächen des Tricks. Solidarischer Applaus folgte.
„Nicht so viel Applaus, ihr macht mich ja ganz verlegen", nuschelte er, „Ihr seid doch die wahren Helden. Wirklich, ich ziehe meinen Hut vor euch."
Der selbsternannte Magier nahm seinen Hut ab, hielt die Hand über die Öffnung und murmelte etwas. Es sah lächerlich aus, wie er die Lippen bewegte und dabei den Anschein erwecken wollte, etwas Beschwörendes zu sagen. Als aus dem Hut eine Fontäne aus Papierblumen schoss, lachte das Publikum pflichtschuldig.

Dieses Mal blieb er still. Anstatt in den Applaus für den Zauberer miteinzustimmen, verschränkte er trotzig die Arme vor der Brust. ‚Was soll das eigentlich?', dachte er, ‚Niemandem haben diese Tricks gefallen.' Bei der Musik konnte man vielleicht noch darüber streiten, aber diese Vorführung war nicht nur billig, sondern auch peinlich. Jeder konnte sehen, wie der Trick funktionierte.

Verärgert ließ er seinen Blick über die Gesichter im Publikum schweifen und stellte erbost fest, dass die meisten aufmerksam zur Bühne schauten und dabei entweder ein höfliches Lächeln oder einen interessierten Gesichtsausdruck aufsetzten.

‚Seid ihr eigentlich dumm?', fragte er sich, ‚Der kann euch doch gar nicht sehen. Die Scheinwerfer sind viel zu hell, von der Bühne aus kann man euer falsches Grinsen gar nicht erkennen. Idioten.'

Er nahm einen Schluck Rotwein und atmete durch.

‚Beruhige dich,' dachte er, ‚du darfst dich nicht aufregen, das ist auch dein Publikum. Du weißt, die Menschen sind viel zu höflich, mach ihnen das nicht zum Vorwurf. Schlimmer kann es ja wohl kaum noch werden. Bleibe ganz ruhig.'

Und er blieb tatsächlich ruhig, auch als der Magier vor Nervosität zu stottern anfing. Er schwieg und trank in gleichmäßigen Schlucken seinen Rotwein. Kaum, dass der Magier seinen letzten Trick vorführte und hinter dem Ohr der Moderatorin eine Goldmünze erscheinen ließ, war das Glas schon leer.

‚Es kann nur besser werden', dachte er. Der Magier wurde rot, als das Publikum ihn mit bescheidenem Applaus verabschiedete. ‚An deiner Stelle würde ich auch rot werden,' dachte er, ‚das war ja wirklich peinlich.'Die Moderatorin lächelte ein wenig angestrengt.

„Wussten Sie, dass wir hier einen Poeten unter uns haben?", fragte sie strahlend, „Verrückt, oder?"

‚Bitte nicht', dachte er, ‚Das ist nicht euer Ernst.'

„Begrüßen Sie mit mir zusammen den lieben Maik, der eigentlich Arzt ist und es sich nach einer Japanreise zum Hobby gemacht hat, selbst Haikus und Gedichte zu verfassen."

Haikus und Gedichte? Zeit für einen Schluck Rotwein.

„Danke, Erna", ein etwa siebzig Jahre alter Herr betrat die Bühne. Traten an diesem Abend nur ‚Künstler' auf, die ihren Zenit längst überschritten hatten?

Verärgert stellte er fest, dass sein Glas leer war.

„Ruhig wandle ich ... im Nebel meines Herzens ... die

Melancholie …“, Maik legte eine kurze Pause ein, allerdings nicht kurz genug. Im Publikum war Gemurmel zu hören.

„… Nebel meines Herzens …“

Er schüttelte den Kopf und schnippte einen Chipskrümel vom Ärmel seines Pullovers.

„… und mir wird warmherzig.“

„Und mir wird warmherzig?“, wiederholte er leise, „Das geht doch gar nicht.“

Die ältere Dame in der Reihe vor ihm drehte sich wieder warnend um, er hob abwehrend die Hände.

Seufzend erhob er sich und verließ den Kellerraum. Es war Zeit für eine Zigarette.

Er fischte in seiner Hosentasche nach dem Tabakbeutel und stieg die Treppe nach oben. Sie führte in das Foyer, nur ein gläsernes Dach lag noch zwischen ihm und der Außenwelt. Verärgert stellte er fest, dass es regnete. Er schritt zur Garderobe und wollte seinen Mantel vom Haken heben, wobei er etwas Tabak auf eine danebenhängende Pelzstola verschüttete. Er fluchte und versuchte, die Krümel zu beseitigen. Langsam drehte er sich um und stellte fest, dass er völlig alleine war. Also zuckte er nur mit den Schultern und schlüpfte in seinen Wollmantel. Seine zitternden Hände rollten eine Kippe. Dann trat er nach draußen in den ungemütlichen Nieselregen.

Fünf Versuche brauchte er, sie anzuzünden. Es verschaffte ihm Genugtuung, tiefe Züge zu nehmen und sich dabei vorzustellen, wie er den brennenden Stummel in das gleichgültige Gesicht des Regisseurs drückte.

„Zu experimentell“, sein eigenes Lachen war ihm fremd, „Die Leute wollen was Klassisches sehen. Soll ich dir mal was sagen? Du kannst Leuten wie denen hier so gut wie alles servieren, sie sind wie dumme Hunde und fressen alles, was du ihnen vorsetzt.“

Er blinzelte, als sich Regentropfen in seinen Wimpern verfingen und ihm die Wangen hinunterliefen.

Erst, als er nur noch einen winzigen Stummel zwischen den Fingern hielt, betrat er wieder das Foyer. Er hängte seinen Mantel auf und dachte daran, dass der wohl kaum richtig trocknen würde. Hier nicht und später in seiner Wohnung schon gar nicht. Dort war es kalt und feucht, vor allem im Winter. Aber sie kostete nicht viel.

‚Das künstlerisch wertvolle Rattenloch', hatten Miriam und er die Wohnung zu Beginn liebevoll genannt. Inzwischen nannte er sie nur noch ‚Rattenloch'. Seiner Meinung nach war das passender, vor allem seitdem sie nicht mehr dort lebte.

Er spürte, dass er ein wenig schwankte, als er die Treppe hinunter in den Keller nahm. Der Gelegenheitspoet trug ein letztes Mal sein lyrisches Geschnipsel vor, bevor ihn die Moderatorin freundlich, aber bestimmt an den zeitlichen Rahmen erinnerte. Ein wenig beleidigt verließ der Arzt die Bühne. Ein junger Mann wartete bereits, der von der Moderatorin als ‚Komiker' vorgestellt wurde.

‚Wir brauchen heute Abend keinen Komiker,' dachte er, ‚wir befinden uns doch schon längst in einer Komödie. Wobei – ich bin mir nicht sicher, ob es nicht doch eine Tragödie ist. Dramedy? Tragikomödie? Das wird sich zeigen.'

Er lehnte sich gegen die Bar, bestellte noch einen Wein und klatschte zwei Münzen auf die Theke.

„Für Künstler ist es doch kostenlos", wehrte die Barkeeperin ab, doch er lachte.

„Künstler? Also das ist wohl alles relativ." Kopfschüttelnd schritt er zurück zu seinem Platz, ließ sich auf den unbequemen Stuhl fallen und verschüttete dabei etwas Wein. Die alte Dame seufzte wieder demonstrativ, doch dieses Mal war es ihm gleichgültig. Der junge Komiker entpuppte sich nicht nur als ziemlich unsympathisch, sondern auch als einfallslos, er erkannte ohne Mühe das Programm eines Satirikers aus dem Fernsehen wieder.

„Dass du dich so was traust", murmelte er, „Kopierst das Werk anderer. Solltest dich was schämen."

Er nahm einen Schluck Rotwein. Der Geschmack war eindeutig zu sauer, dennoch trank er weiter. Seine Stimmung verdüsterte sich mit jedem faden Witz des jungen Möchtegernkomikers. In der zweiten Reihe sah er rotes Haar und ein breites Lachen aufblitzen. Er zuckte zusammen und seufzte resigniert, als er das gewöhnliche Gesicht der Frau betrachtete. Sie sah Miriam nicht im geringsten ähnlich, dennoch hatte er für eine Schrecksekunde geglaubt, sie wäre hier.

Da war er wieder. Der Hass, der so schmerzte, weil es einst Liebe gewesen war, die sie beide verbunden hatte. Zumindest hatte er es für Liebe gehalten. Weswegen wäre er auch sonst in diese Gegend gezogen, wenn nicht ihretwegen? Er hatte Berlin aufgegeben und war in dieser Kleinstadt nie heimisch geworden, auch wenn er es schätze, sich hier ein Auto leisten zu können. Zurückkehren wäre eine Option, aber zu was würde er zurückkehren? Das Theater, in dem er früher gespielt hatte, hatte den letzten Sommer nicht überlebt. Er erinnerte sich an das Treffen mit Michael. Sie kannten sich schon seit langer Zeit, waren Verbündete gewesen, hatten Rückschläge erlebt, aber niemals Resignation, bis zu jenem Tag.

„Ich weiß nicht, ob ich da in der Provinz je zurechtkommen werde“, hatte er angesetzt, als Michael ihn unterbrochen hatte: „Wir müssen das Theater schließen.“

Er hatte ihm zuerst nicht geglaubt. Dann war ihm eine dumme Frage herausgerutscht: „Was? Also jetzt?“

Michael hatte nur die Augen verdreht, aber dennoch hatte er vermutlich verstanden, was damit gemeint war. Das Theater war ein Anker gewesen, eine Organisation, die stets darum gekämpft hatte, nicht pleitezugehen, sie hatten zusammen das Gebäude renoviert, als es zu zerfallen drohte, und daran geglaubt, als es sonst niemand tat. Dass es nun vorbei sein sollte, war für ihn schwer vorstellbar.

„Wie willst du es dir auch vorstellen?“, hatte Michael unwirsch gefragt, „Du hast uns doch verlassen und bist zu deiner Freundin abgehauen. Ich hoffe, das hat sich für dich wenigstens gelohnt.“

Was sollte er noch in Berlin? Michael war immer noch wütend auf ihn und er wusste nicht, in welchem anderem Theater er seine Stücke aufführen könnte. Es war ja nicht so, dass er es nicht versucht hätte. Er erinnerte sich an verschickte Skripte, deprimierende Absagen und verlegene Telefongespräche mit Regisseuren.

„Wir legen Wert auf Authentizität."

‚Wunderbar', dachte er, ‚Dem Theater in der Kleinstadt bin ich zu experimentell, nicht klassisch genug, in der Hauptstadt fehlt es mir an was. Authentizität? Was meinen die damit überhaupt, verdammt noch mal? Was war an dem Stück nicht echt?'

Der Hass, die Frustration und die Zweifel waren das Authentischste, was er jemals zu Papier bringen könnte. ‚Das ist mein Leben, du Heuchler', dachte er, ‚Ist das deine Standardphrase, weil du zu feige bist, um zu sagen: Wir wollen dich nicht, du bist nicht gut genug?'

‚Verdammt Miriam', dachte er, ‚Das ist alles deine Schuld. Du verräterisches Biest. Von einem Tag auf den anderen bist du dir auf einmal zu gut für das Rattenloch, mühst dich in einem langweiligen Job ab und ziehst mit diesem Kerl durch die Gegend, der aussieht wie aus einer Sparkassenwerbung? Hast du vergessen, wer du bist?'

Er vermisste sie natürlich trotzdem, auch wenn er sich jeden Tag daran erinnerte, was sie ihm angetan hatte. Vielleicht blieb er auch in dieser verhassten Kleinstadt, weil die Aussicht, sie aus den Augen zu verlieren, ihn ängstigte. Er durfte nicht wieder alten Träumen von ihr nachhängen, nicht an diesem Abend. Sie würde es ihm verderben, selbst, wenn sie schon lange nicht mehr anwesend war. Warum hatte sie immer noch diese Macht über ihn? Er nahm einen weiteren Schluck.

‚Denk an das Stück, verdammt noch mal', versuchte er sich zu erinnern: ‚Du darfst nicht vergessen, warum du hier bist.'

Er sah, wie der Komiker verschwand, und beobachtete, wie der breite, groteske Mund der Moderatorin auf- und zuklappte. ‚Der Mund sieht aus wie aufgemalt,' dachte er, ‚so als wäre er nicht echt.‘ Ein paar Sekunden lang starrte er sie einfach nur an, bis er begriff, dass sie soeben seinen Auftritt angekündigt hatte.

Langsam erhob er sich. Die Anwesenden drehten sich zu ihm um, als er sich auf dem Tisch abstützte, und dabei das Weinglas beiseitefegte. Es fiel klirrend zu Boden, doch das bemerkte er kaum. Stattdessen schleppte er sich vor zur Bühne. Die Stufen erschienen ihm auf einmal unangenehm steil. Kaum war er oben angekommen, breitete er die Arme aus.

„Herzlich willkommen, Freunde der guten Unterhaltung!“, rief er. Stille. Das Scheinwerferlicht fiel von oben auf sein Gesicht und blendete ihn. Er blinzelte und blickte in die Dunkelheit, in der er nicht einmal ein paar Schemen ausfindig machen konnte.

„Oder auch nicht“, nuschelte er.

Jemand räusperte sich im Publikum.

„Ich habe viel Wert auf Authentizität gelegt, als ich das hier geschrieben habe“, er verspürte den Drang, aufzustoßen, und hielt den Atem an.

Die Zuschauer fingen an, leise zu tuscheln, als er damit begann, seinen Monolog vorzutragen. Das Schlimmste war, dass er, so beleidigend ihre Ausflüchte auch waren, den Regisseuren rechtgeben musste. Er war schon einmal einfallsreicher gewesen. Authentizität spielte keine Rolle, wenn man an nichts mehr glaubte.

Er verhaspelte sich, versprach sich und hielt inne.

„Ist er betrunken?“, hörte er jemanden im Publikum fragen.

Verzweifelt versuchte er, sich an die Stelle zu erinnern, an der er aufgehört hatte und suchte nach den Worten. Seine Hände wie zu einem Stoßgebet erhoben, stockte er erneut. Als das Mikrofon einen jaulenden Ton von sich gab, schrak er zusammen und stolperte. Seine Füße versuchten, auf dem rutschigen Grund Halt zu finden, doch zu spät. Ihm blieb nur noch genug Zeit, die Hände vors Gesicht zu reißen, als er nach unten fiel und schließlich der Aufprall seinen Körper erschütterte. Das Letzte, was er noch hörte, bevor er das Bewusstsein verlor, war, wie einer der Umstehenden fragte: „Ist das jetzt echt?“

Aushalten

„Fahr los“, sie küsste ihn und sah lächelnd durch die Fensterscheibe, an der die feinen Regentropfen abperlten. Nils drückte auf das Gaspedal seines Autos und sie ließen den Ausgang der Flughalle, den Taxistand und die vielen Reisenden hinter sich.

„Wie fühlst du dich? War der Flug anstrengend?“, seine linke Hand hielt das Lenkrad, seine rechte legte sich leicht auf ihren Arm.

„Ach,“ Lara wickelte sich den Schal vom Hals, „es waren nur eineinhalb Stunden, das ist noch ganz in Ordnung. Nur saß neben mir ein Kind, das die ganze Zeit geheult hat.“

„Ziemlich nervig.“

Nils Hand wanderte zu ihrem Hals, ihrer Wange und strich ihr über das Haar.

„Eigentlich hat das Kind mir leidgetan. Seine Eltern haben es die ganze Zeit einfach weinen lassen, wofür die anderen Passagiere sie natürlich gehasst haben. Aber was soll's, das ist alles unwichtig“, sie wandte sich ihm wieder zu und lächelte, „Du glaubst nicht, wie gut es tut, dein Gesicht zu sehen.“

Lara griff nach seiner Hand und küsste sie leicht.

„Erinnerst du dich noch, welche Farbe meine Augen haben?“, fragte er und schnitt eine alberne Grimasse. Sie verdrehte lachend die Augen, Nils stimmte mit ein.

Nach ein paar Sekunden verstummten sie und schauten geradeaus. Kurz vor der Ausfahrt hatte sich eine Schlange von Autos gebildet. Ihr Wagen kam zum Stehen.

„Ich glaube, ich habe seit ein paar Tagen nicht mehr ruhig schlafen können“, gestand er und grinste, „Ich bin immer so unruhig, wenn du nur ein paar Tage da bist. Dann überlege ich mir, was wir mit der Zeit machen sollen, die uns bleibt. Ich habe sogar überlegt, ob ich dich einfach vom Flughafen abhole und dich irgendwohin entführe, wo uns niemand findet. Doch für eine Entführung habe ich leider nicht genug Geld.“ Er seufzte. Die Scheibenwischer schrammten quietschend über das Glas der Windschutzschreibe. Sie winkte ab. „Ich brauche nicht noch mehr Aufregung. Ich will einfach nur Zeit mit dir verbringen, wo wir das tun, ist mir egal.“

„Na dann“, Nils lehnte sich auf seinem Sitz zurück, „Übliche Frage: Zu wem gehen wir?“

„Zu mir!“, sie verzog amüsiert das Gesicht, „Deiner Oma ist das doch zu viel, wenn ich auch noch da bin. Bei ihr ist zu wenig Platz, sie ist jedes Mal so gestresst, wenn ich da bin.“

„Sie mag dich. Sie will doch nur, dass du dich wohlfühlst.“

„Ich weiß, aber sie verstellt sich immer, wenn ich da bin. Oder bemuttert sie dich auch so sehr?“

„Du solltest es zu schätzen wissen, zu dir ist sie viel netter als zu mir.“

Sein Lachen klang hilflos.

„Warum gehen wir nicht einfach zu mir? Meine Mutter ist tagsüber weg und abends lässt sie uns auch in Ruhe“, Lara wischte sich ein paar Staubflocken von ihrem Mantel.

„Ja, ich weiß, aber ... ich fühle mich einfach nicht wirklich wohl, wenn wir bei ihr sind, das weißt du ja.“

„Ich weiß“, Laras Miene wurde ernst, „Ich habe ihr schon oft gesagt, sie soll sich dir gegenüber nicht so kühl verhalten. Doch dann verspricht sie es mir und bricht ihr Versprechen, sobald sie dich das nächste Mal sieht. Jetzt wäre es gut, wenn wir noch unsere alte Wohnung hätten.“

Sie schwiegen und sahen geradeaus.

„Melina hat uns heute auf ihre Party eingeladen“, setzte Lara an, doch Nils unterbrach sie: „Lass uns das einfach spontan entscheiden, in Ordnung?“

Sie nickte. „In Ordnung.“

Beide verfielen in Schweigen. Die Schlange bewegte sich nicht. Nils war froh darüber, nicht auf die Straße sehen zu müssen. Es war eigenartig: Ähnlich wie bei ihrem Wiedersehen an Weihnachten fühlte er sich so, als hätte er die Schönheit ihres Gesichts vergessen. Er versank in der Betrachtung ihrer schmalen, geraden Nase, ihrer klaren, grauen Augen, ihres kurzgeschnittenen, zerzausten, weißblonden Haars und dachte daran, wie er sich bei ihrer ersten Begegnung darüber gewundert hatte, dass sie ihm so gut gefiel. Er hatte meistens eher Gefallen am sehr femininen Frauentyp gefunden, doch er hätte sich Lara nie so vorstellen können.

„Du starrst ein bisschen", bemerkte sie, „Und dein Gesichtsausdruck war gerade ziemlich komisch."

„Unschuldig."

„Das wohl kaum." Regen trommelte auf das Dach. Laras Handy gab einen Hinweiston von sich. Sie warf einen Blick auf das Display und schob es in ihre Tasche zurück.

„Wer war das?"

„Meine Mutter. Sie fragt, ob ich irgendwann in den nächsten Tagen auch mal Zeit für sie habe."

„Und was wirst du ihr antworten?"

„Na ja, bisschen Zeit für sie will ich schon haben. Ich habe sie auch seit ein paar Monaten nicht gesehen."

Er seufzte und startete wieder den Motor.

„Nils, es sind nur ein paar Stunden", stöhnte sie, „Die restliche Zeit gehört doch uns. Bitte mach kein Drama daraus."

„Will ich ja gar nicht, es ist nur ... mir kommt jeder wie ein Dieb vor, der jetzt in diesen sieben Tagen Zeit mit dir verbringen will. Als würden sie dich stehlen wollen", er schüttelte den Kopf, „Bin ich irre? Es tut mir leid."

Lara schwieg eine Weile, bis sie sagte: „Wir sind beide verrückt. Wir müssen es sein, um das zu machen, was wir tun."

Nils parkte vor dem benachbarten Haus. Laras Mutter konnte es nicht leiden, wenn sein Auto vor ihrer Villa stand.

„Ist sie da?", er warf einen Blick zu ihrem Haus empor. Es brannte Licht. Der Regen war stärker geworden, doch keiner von ihnen hatte einen Schirm dabei.

„Nein", Lara stieg aus und legte ihren Schal über ihren Kopf, „sie schläft heute Nacht bei ihrem Freund. Eigentlich sind sie jetzt auch schon eine ganze Weile zusammen. Trotzdem wird er nicht hier einziehen, ich weiß genau, dass sie das nicht mitmachen würde, selbst wenn er es fordert. Also wohnt sie weiterhin alleine in diesem riesigen Haus und er zahlt überteuerte Miete für eine Wohnung, die zur Hälfte der Zeit leer steht. Na ja, so ist das wohl. Sie lässt oft ein Licht brennen, wenn sie abends ausgeht, obwohl sie sogar eine Alarmanlage hat. Ich schätze, sie ist ein bisschen paranoid, seitdem ich ausgezogen bin."

Sie schulterte ihre Tasche, Nils zog ihren Koffer hinter sich her. Beide erreichten das Tor. Lara fischte ihren Chip aus der Tasche und drückte ihn gegen die kleine Vertiefung in der Metalltür. Zuerst ein Summen, dann ein Klicken, als sie aufschloss.

Nils sah die steinerne Treppe hinauf zu dem Haus und stellte erneut fest, dass es ihm nicht gefiel. Es war um die Jahrhundertwende erbaut und vor ein paar Jahren mit einem feinen, weißen Putz überzogen worden. Es wirkte sehr geschmackvoll und war in einem guten Zustand, doch es kam ihm kühl und leblos vor. Nils war sich nicht sicher, ob es an diesem harten Weiß lag, das er niemals ausgewählt hätte, er empfand es als steril, daran änderten auch die Fensterläden in freundlichem Grün nichts.

Lara schloss die Haustür auf, hängte Mantel und Schal über einen Kleiderbügel und zog ihre hochhackigen Stiefel aus. Nils schaltete das Licht an und sah sich um. Lara schaute zurück von zahlreichen, alten Fotos, die sie als Schulkind, junge Studentin, alleine oder an der Seite ihrer Mutter zeigten. Sie färbten sich beide ihr Haar in einem ähnlichen Blondton und hatten die gleichen grauen Augen, doch ansonsten sahen sie sich nicht wirklich ähnlich.

Die lebende Version von Lara verkündete neben ihm, sie würde in die Küche gehen.

„Wir können uns wieder etwas von diesem Whiskey – ich habe den Namen vergessen – holen, magst du auch einen Schluck?"

Er nickte, blieb jedoch noch einen Augenblick stehen und betrachtete ernst die Fotos. Sie übersäten die gesamte Wand im Flur, chronologisch aufgereiht. Die Bruchstelle war zu erkennen: Auf dem zehnten Foto hörte Lara auf zu lächeln und das Gesicht ihrer Mutter hatte diesen unheimlichen, extrem beherrschten Ausdruck inne, der ihm so unangenehm war. An der Wand fanden sich auch ein paar kahle Stellen. Vermutlich hatten dort früher Bilder gehangen, die Laras Vater zeigten.

„Sie wollte aus diesem Haus nie ein Museum machen", hatte Lara einmal erzählt, „Ich kann es verstehen. Sie will nicht bei jedem Schritt an das alles und an ihn erinnert werden." Er hatte ihr nicht widersprochen, doch er hatte zugeben müssen, dass er, Nils, es nicht verstehen konnte. Ihm war diese Frau suspekt, die ihre Erinnerungen lieber ausradierte, anstatt sie zu verarbeiten.

Nils konnte hören, wie Lara ihn rief, also riss er sich von den Fotos los und folgte ihr ins Esszimmer. Es lag fast im Dunkeln, abgesehen von dem Schimmer, den die leuchtenden, weißen Kerzen auf dem langen, grauen Tisch verbreiteten. Er hatte sich schon oft gefragt, wie viele Menschen an dieser Tafel wohl Platz fanden. Lara saß in einem der schwarzen Ledersessel im Wintergarten. Er konnte ihr helles Haar im Wechsel von Licht und Schatten leuchten sehen. Sie hatte ihm den Rücken zugekehrt und sah hinaus in den Garten, in der Hand ein Glas Whiskey.

Er durchquerte das Esszimmer und betrat den gläsernen Raum. Das Dach des Wintergartens wurde nur durch schmale Metallbalken zusammengehalten, es sah so aus, als würde ein sehr zerbrechliches Konstrukt sie vor der Dunkelheit schützen. Lara drehte sich erst um, als er hinter ihr stand. Die eine Hälfte ihres Gesichts lag im warmen Licht der Kerzen. Als er näher kam, konnte er auch die andere Hälfte sehen, die im Dunkeln lag.

„Der Whiskey ist gut", sie drückte ihm eines der Kristallgläser in die Hand und sah zu ihm auf. Lara trug nichts mehr außer der feinen Silberkette um ihren Hals.

Seine Finger schlossen sich fest um das Glas. Es irritierte ihn, wie gelassen sie dort saß, obwohl jeder, der das Haus umrundete, sie so sehen könnte. Nichts bot ihr Schutz, nichts hätte sie vor einem Beobachter verbergen können.

Sie schien es zu bemerken. „Die Hecken um das Grundstück sind hoch genug", sagte sie leise, „Und an der Alarmanlage kommt keiner vorbei. Niemand kann uns sehen. Wir sind allein."

„Du bist ganz still“, sagte sie eine Stunde später. Sie lag ausgestreckt auf dem Sofa, in der Hand ihr fast leeres Whiskeyglas. Die andere Hand ruhte auf ihrem Bauch unter seinem Hemd, was sie sich übergezogen hatte. Er lehnte im Sessel.

„Ich bin ein bisschen betrunken. Du hast mir zu schnell und zu viel nachgeschenkt.“

„Kann schon sein“, sie drehte sich ein bisschen auf dem Sofa, „Oh Gott, ist das unbequem. Ich würde nie so ein Sofa oder diesen Sessel in meine Wohnung stellen.“

„Wenn du mich fragst, sehen diese Sachen nach irgendeinem versnobten Briten aus, der in seinem Landhaus residiert.“

„Ja und das ist auch überhaupt nicht klischeehaft. Aber mit Snobs kenne ich mich jetzt ja aus.“

Plötzlich wünschte er sich, bekleidet zu sein.

„Könntest du mir mein Hemd wiedergeben?“

Sie wirkte überrascht, zog es dann aber schnell aus und schlüpfte in ihr Kleid. Wortlos zog er sich wieder an und ließ sich neben sie auf das Sofa sinken. Er berührte nicht einmal ihre Hand, als sie dort nebeneinandersaßen. Es dauerte eine Weile, bis sie wieder das Wort ergriff: „Jetzt ist es irgendwie eigenartig.“

Er hob seine Hand über ihren Nacken, ließ sie jedoch wieder sinken, so als sei er sich nicht sicher, ob er sie wirklich berühren könne.

„Ja, irgendwie schon“, er seufzte, „Als ich dich abgeholt habe, habe ich mich wahnsinnig auf dich gefreut. Dann sind wir hierhergekommen, übereinander hergefallen und haben es in dieser Glashütte hier getan. Und jetzt ... jetzt sitzen wir uns gegenüber und reden über Belanglosigkeiten. Warum reden wir über Belanglosigkeiten, Lara? Es interessiert uns doch beide nicht, nach was dieses Sofa aussieht oder wie der Whiskey schmeckt.“

Lara stützte ihr schmales Kinn auf ihre Hände und schwieg. Er hörte, wie die antike Uhr im Wohnzimmer tickte und das Pendel hin- und herschwang.

„Na gut“, sie erhob sich wieder, „Dann hören wir auf, über Belangloses zu reden.“

Nils lachte. „Glaubst du, das funktioniert so einfach?"

„Ich ... ich weiß nicht, wo ich anfangen soll", seufzte sie, „Ich habe den Eindruck, wir haben in letzter Zeit nur hin- und hergeschrieben oder gechattet. Und irgendwie haben wir dabei versäumt, über Wichtiges zu reden, dieses ganze ‚Was-hast-du-heute-gemacht?' hat zu viel Platz eingenommen, oder?"

„Vermutlich", er senkte den Kopf, „Aber das können wir jetzt ebenso wenig in ein paar Minuten nachholen."

„Eigentlich sollten wir uns dieses Gerede wirklich verkneifen", schnaubte sie, „Das nützt doch niemandem. Ich bezweifle, dass es dich wirklich interessiert, was ich den ganzen Tag gemacht habe."

Er schüttelte den Kopf.

„Doch eigentlich schon. Ich habe nur das Gefühl, nicht einmal die Hälfte davon zu verstehen. Du erzählst von diesem riesigen Architekturbüro, in dem du arbeitest, an Projekten, unter denen ich mir nichts vorstellen kann. Abends gehst du manchmal mit Kollegen aus, die ich noch nie gesehen habe. Ich kenne nicht einmal die Stadt, in der du jetzt lebst."

„Ich hätte dir das alles gerne gezeigt ..."

„Du weißt doch, dass ich mir das nicht leisten kann."

Seine Stimme klang nun unterkühlt.

„Reg dich nicht so auf, es war kein Vorwurf."

Lara hob abwehrend die Arme und setzte sich wieder zu ihm auf das Sofa.

„Doch das war es und das weißt du genau."

Sie senkte ihre Augenlider unter seinem Blick.

„Es tut mir leid", murmelte sie, „Es ist ja nicht so, dass ich dir das übelnehme. Ich finde es nur frustrierend, dass es nicht möglich ist."

Nils seufzte.

„Ich weiß. Ich würde es auch gerne einmal erleben. Ich würde gerne einmal sehen, wo du da wohnst und die Menschen kennenlernen, die du triffst", plötzlich lächelte er wieder, „Und ich würde gerne erleben, wie du dich ganz wichtig fühlst und im Büro umherstolzierst. Am besten mit der Planrolle unter dem Arm."

„Kein Architekt trägt heute noch diese Planrollen. Und ich stolziere nicht“, protestierte sie, doch er lachte nur und zerzauste ihr Haar.

„Du weißt doch, was ich meine. Du bist stolz auf deine Arbeit, das ist etwas Gutes. Aber manchmal ist es auch lustig.“

„Dort wird meine Arbeit aber nicht anerkannt. Gut, das habe ich auch nicht erwartet. Immerhin ist der Boss von diesem riesigen Büro ein renommierter Architekt, der halb London umgebaut hat, glaubst du, er redet wirklich mit seinen Angestellten? Von Praktikanten natürlich ganz zu schweigen. Er lässt uns länger arbeiten, weil er weiß, er kann das mit uns machen, ohne dass wir uns wehren. Sein Name ist wohl so viel wert, dass er sich das leisten kann. Klar, ich lerne dort viel und einige Projekte sind architektonische Besonderheiten. Aber trotzdem ist es absurd, wenn Leute mir sagen, ich könne stolz sein, dass ich da arbeite. Denn meinem Stolz tut das alles nicht wirklich gut.“

„Und du willst es zulassen, dass sie dich ausbeuten?“

„Ich kann nichts dagegen tun, außer ich gebe den Job auf. Und das kommt nicht in Frage. Dort zu arbeiten, ist etwas, das man nicht einfach aufgeben kann. Ich kann dort vorankommen“, sie holte Luft, „Ach, es ist wie so vieles gerade. Ambivalent. Ich liebe den Job, manchmal hasse ich ihn aber auch. Sie beuten mich aus und der Teamleiter ist unfreundlich, trotzdem weiß ich, dass ich beides weglächeln werde. Ich mag meine Wohnung und den Stadtteil, in dem ich wohne, aber meine Mitbewohnerin treibt mich in den Wahnsinn. London ist als Stadt natürlich fantastisch, aber es gibt vieles, was ich vermisse. Und es ist schön, dass ich dort ein paar Freunde gefunden habe, aber ... sie kennen mich nicht wirklich. Und wenn ich hierher zurückkomme, habe ich Angst, dass ich die Menschen hier nicht mehr genug kenne und wir uns deshalb aus den Augen verlieren.“

Sie sahen beide hinauf zu dem filigranen Glasdach, an dem das Wasser nun in Strömen herabfloss.

„Ich bin mir nicht sicher, ob du mich noch gut genug kennst“, sagte er leise.

Er bereute es, kaum hatte er es gesagt. Für einen Augenblick sah sie so aus, als sei sie zu Tode erschrocken. Ihr Kopf drehte sich ruckartig zu ihm hin, die Mimik schien eingefroren, erst nach ein paar Sekunden löste sich ihr Gesicht aus der Starre. Es war verstörend, ihr dabei zuzusehen: Es sah so aus, als würde sie vor ihm zerfallen. Lara richtete sich vom Sofa auf und stakste auf die andere Seite des Raumes.

„Meinst du das ernst?“, fragte sie leise, „Ich meine, ist das wirklich dein Ernst? Ich fliege aus London hierher und du ... willst du es etwa beenden?“ Es tat weh, ihr Gesicht zu sehen. Verletzung, Verwirrung und Angst konnte er darin erkennen. Nils erhob sich ebenfalls und lief auf sie zu.

„Nein, das meinte ich nicht.“

„Was denn dann?“, sie begann zu weinen, „Warum sagst du das? Das klingt so, als denkst du, ich würde dich nicht mehr lieben. Oder als würdest du das nicht mehr tun.“

„Nein, Lara, ich meinte, dass wir offenbar zu wenig voneinander mitbekommen haben und dass das nicht ...“

„Was soll das dann?“, fragte sie, als hätte sie seinen Satz nicht gehört.

„Ich habe doch gesagt ...“

„Warum sagst du das?“, wiederholte sie hektisch. Ihr Haar fiel ihr in die Augen, sie wischte es fahrig weg. Er hasste Hysterie. Lara stützte sich gegen ihn und atmete tief ein und aus. Nils packte ihre Oberarme und schob sie mit einem Ruck von sich. Ihre Augen öffneten sich panisch, als er ihr wütend ins Gesicht starrte. Er hatte zu viel Kraft aufgewendet. Ihr Rücken prallte gegen die Glaswand. Sie gab keinen Schmerzenslaut von sich, sondern starrte ihn nur ängstlich an. Er wusste nicht, warum ihm das ein wenig Genugtuung verschaffte.

„Beruhige dich,“ seine Stimme klang unterkühlt, „ich meine es ernst.“

Sie nickte und er ließ sie los.

„Glaubst du wirklich, ich meine, konntest du im Ernst auch nur in Erwägung ziehen, ich würde dich nicht mehr lieben? Nachdem ich so lange auf dich gewartet habe? Glaubst du, das wäre möglich? Denn falls du es vergessen hast: Ich habe dir ein Versprechen gegeben. Und das halte ich auch."

Sie senkte ihren Blick. Seine erhobene Hand schwebte immer noch in der Luft, so als wollte er sie daran erinnern, dass er wütend war.

„Nein, ich habe es nicht vergessen. Es ist nicht so, dass ich dir nicht vertrauen würde. Aber manchmal habe ich Angst, du könntest genug von all dem haben, auch wenn das nicht rational ist", sie wischte sich eine Träne aus dem Augenwinkel. Auf einmal bereute er seinen Ausbruch und sagte nur: „Ja. Ich weiß, was du meinst. Angst ist nun einmal nicht rational."

Als sich Melinas Wohnungstür öffnete, dröhnte ihnen Lärm entgegen: Gewirr aus vielen Stimmen und Musikfetzen aus einer scheppernden Anlage. Lara trat hinein und versuchte ein bekanntes Gesicht inmitten der Anwesenden auszumachen, doch es waren zu viele. Zugegebenermaßen hätte sie nicht gedacht, dass in Melinas Wohnung so viele Leute passen könnten. Ein Schlag gegen ihre Schulter, dann schloss sich ein fremder Arm um ihren Hals. Lara rang nach Luft, machte sich los, rieb sich den Hals und drehte sich um.

„Ist das toll, dass ihr da seid!", Melina schlug Nils auf den Arm.

„Du bist richtig zu."

„Ach was. Entspann dich! Ich dachte, ihr schafft es nicht mehr her."

Lara warf Nils einen entschuldigenden Blick zu, als Melina sie am Unterarm fasste und in die Küche zog. Melina erzählte irgendetwas von Leuten, die sie nicht kannte, und stellte ihr ständig fast die gleichen Fragen, nur in anderen Worten.

„Also, wie war die Reise?" ... „War die Reise denn gut?" ... „Muss anders sein als in London." ... „Krasser Kulturschock, oder?" ... „Und, wie ist der Job?"

Ungefragt drückte sie ihr einen Caipirinha in die Hand und verschüttete dabei die Hälfte des Drinks über Laras Ärmel.

„Ist der Job so toll, wie du es dir vorgestellt hast?", Melina verschluckte sich.

„Warum dröhnst du dich eigentlich jedes Mal so zu, wenn du eine Party schmeißt?", Lara seufzte. Melinas Kichern war anstrengend. Sie kaute entnervt auf dem Strohhalm ihres Caipirinhas herum und bereute es bereits, hergekommen zu sein. Doch die nächste Bahn fuhr erst in einer Stunde und ein Taxi war zu teuer. Sie erhob sich seufzend und ließ Melina stehen, die zunächst weiterredete, bevor sie bemerkte, dass niemand mehr zuhörte.

Lara verließ die Küche und lief durch das Wohnzimmer, wo Nils neben ein paar Leuten, die sie beide kannten, vor einer Flasche Bier saß. Sie blieb ein paar Meter entfernt stehen und betrachtete ihn, wie er in ihrer Mitte saß. Das flackernde Licht ließ sein Gesicht ungewöhnlich hager und bitter aussehen. Zum ersten Mal seit ihrem Wiedersehen fand sie, dass er erschöpft aussah. Er sah auf und sie lief zu ihm.

„Alles in Ordnung? Du siehst müde aus", Lara nahm einen Schluck von seinem Bier.

„Ich bin auch müde. Die letzten Wochen waren anstrengend."

„Ich weiß, du hattest deine Prüfungen und dann musstest du noch am Wochenende arbeiten ..."

„Es ist nicht nur das", er pulte das Etikett ab, „Ich komme zuhause nicht zur Ruhe. Weißt du, ich schlafe da seit Wochen in diesem Zimmer, in dem auch mein Vater aufgewachsen ist, in einem Bett, das für mich eigentlich schon zu klein ist, und wenn ich nach Hause komme, bin ich so müde, dass ich für nichts mehr Kraft habe, außer ein paar Folgen von meinen Lieblingsserien zu schauen. Dann mache ich genau das und eine halbe Stunde später beschwert sich meine Oma, es wäre ihr zu laut, und nimmt mir das Highlight meines Tages. Aber das Schlimmste ist, dass ich das als mein Highlight betrachte. So weit ist es also gekommen."

Sie schwiegen beide. Er wies auf die anderen, die ihnen nicht mehr zuhörten.

„Die alle hier, sie scheinen sich um nichts Gedanken zu machen. Die lassen sich richtig gehen. Ich habe wohl vergessen, wie das geht. Oder war ich auch einmal genau so wie sie? Kann ich das noch?", er sah sie ratlos an.

Sie lächelte ihn an, packte seine Hand und zog ihn in das andere Zimmer.

„Was machst du?"

„Du wolltest doch, dass wir uns gehenlassen. Tanzen wir?"

Er schüttelte den Kopf.

„Nein, ich wollte mit dir über etwas reden."

Etwas an seinem Gesichtsausdruck gefiel Lara nicht. Sie blieben im Flur stehen und sie sah ihn abwartend an.

„Worüber denn?"

„Erinnerst du dich an diese Firma, bei der ich meine Bachelorarbeit geschrieben habe? Sie würden mich übernehmen, weißt du. Die würden mich nicht schlecht bezahlen."

„Aber das machst du doch nicht, oder? Du könntest dein Studium nicht weitermachen. Das wolltest du doch immer. Du wolltest doch immer weiterstudieren und vielleicht eine Stelle an der Uni annehmen."

„Das stimmt. Ich will das schon seit Jahren. Es ist nur so, dass ich mir allmählich wie ein Idiot vorkomme, weil ich ständig daran denke, wie einfach ich es hätte, wenn ich diesen Job annehmen würde. Ich könnte in eine eigene Wohnung ziehen. Ich könnte diese dämliche Karre endlich ersetzen. Ich hasse dieses Auto, es schluckt zu viel und es ist richtig träge. Aber was Besseres ist einfach nicht drin. Und das gilt für vieles. Ich sehe dieses hässliche Zimmer, in dem ich jede Nacht schlafe und denke: Mehr ist nicht drin. Und wofür das alles? ... Nichts davon ist sicher, weißt du. Bisher ist das alles nur in meinem Kopf", seine Hände fuchtelten in der Luft herum. Lara hielt sie fest.

„Ich komme mir auch ständig wie eine Idiotin vor", erwiderte sie langsam, „weil alle mir immer nur sagen, wie fantastisch mein Leben ist, wo ich doch jetzt in London lebe und diesen aufregenden Job habe. Doch sehr vieles daran ist nicht aufregend, sondern anstrengend. Einen großen Teil der Zeit verbringe ich als Befehlsempfängerin. Davon, selbst etwas Richtiges zu machen, bin ich immer noch weit entfernt. Und es gibt viele einsame Abende, da sitze ich in meinem winzigen Zimmer, das mich mehr kostet als mein früherer Anteil an der Wohnung hier, und wäre gerne woanders. Meistens bei dir. Manchmal würde ich aber auch gerne bei meiner Mutter auf einen Kaffee vorbeischauen. Einfach sie einmal nicht nur am Telefon fragen, wie es ihr geht."

Er nickte.

„Aber am meisten komme ich mir wie eine Idiotin vor, weil ich dich alleingelassen habe, obwohl ich dich liebe. Weil ich es gut und schrecklich zugleich finden kann, in London zu sein. Es stimmt schon, ich erlebe da ein paar Sachen, die sind echt außergewöhnlich. Aber wirklich schön ist es nicht ohne dich."

Melinas Gesicht rauschte an ihnen vorbei. Sie zog Lara erneut von Nils weg in das andere Zimmer. Irgendjemand hatte eine Discokugel an einem der niedrigen Deckenbalken aufgehängt, sie streifte fast die Köpfe der Tanzenden. Die Lichtflecken tanzten an den Wänden und auf den Gesichtern der anderen.

Lara wandte sich um und sah zu Nils, der immer noch im Flur stand, in der Hand sein Bier, und auf diese seltsame Art und Weise lächelte, wie er es immer tat, wenn er nicht wusste, was er sagen sollte.

‚Du kannst auch mal schweigen, Nils. Manchmal reicht es aus, wenn ich endlich etwas erzählen kann, was ich dir zuvor nicht sagen konnte', dachte sie, als sie anfing, sich im Kreis zu bewegen.

Laras Schritte waren zu langsam. Alle um sie herum schienen wie unter Strom vor sich hin zu zucken, zwar schnell genug, aber ohne den richtigen Rhythmus, sie eilten einem Song hinterher, zu dem sie nicht wirklich tanzen konnten. Trotzdem hörten sie nicht auf, es zu versuchen. Ihr war der Song gleichgültig. Es interessierte sie auch nicht, ob auf dieser Party Techno, Electro oder Hip-Hop lief. Ihre Füße fanden einen eigenen Takt. Nils blieb im Flur, er betrat den Raum nicht, auch nicht nach ein paar weiteren Songs – waren es drei, fünf oder zehn? Es spielte keine Rolle, den Tanzenden war das gleich. Die anderen sahen für Lara nur noch aus wie überzeichnete, zu bunte Figuren, fast wie Karikaturen. Sie wischte fremde Arme achtlos beiseite, drehte sich an Gästen vorbei, deren Gesichter ihr nicht bekannt vorkamen und die sie auch nicht kennenlernen wollte, jedenfalls nicht an diesem Abend. Nils stand immer noch genauso da wie zuvor: hinter der Türschwelle, gegen die Wand gelehnt, die Arme verschränkt und auf den Lippen sein eigenartiges, halbes Lächeln.

Er sah ihr zu, wie sie sich inmitten der anderen wie in einem Traum bewegte: langsam, aber auch leichtfüßig. Lara sah ihn die ganze Zeit an, als sie tanzte, sie drehte ihm nicht den Rücken zu. Es war verblüffend, wie gut es ihr gelang, so vieles zu übersehen. Nils war sich sicher, dass sie die Dinge nicht einmal bemerkte, denn sie schenkte ihnen keinerlei Beachtung. Sie übersah, wie Melina aus dem Zimmer stürmte und sich die Hände vor den Mund hielt. Ihr fiel nicht auf, dass einer der Gäste ihr ununterbrochen auf die Beine und die Brüste starrte. Nils fragte sich, ob sie auch so war, wenn sie in London ausging.

Er erinnerte sich an den Moment ein paar Stunden zuvor und sein Magen verkrampfte sich vor Scham. Sie waren im Haus von Laras Mutter gewesen und hatten sich entschlossen, zu Melinas Party zu gehen. Eigentlich hatte er nicht damit gerechnet, dass sie das Haus an diesem Abend noch verlassen würden. Doch aus irgendeinem Grund hatte sie beide nach ihrem Streit eine seltsame Unruhe ergriffen.

„In Ordnung, ich gehe kurz ins Bad, dann können wir gehen“, hatte sie gesagt und war verschwunden.

Er hatte sie nicht kontrollieren wollen. Er wäre vermutlich nicht einmal auf die Idee gekommen, wenn das Handy nicht gebrummt hätte, kurz, nachdem sie das Zimmer verlassen hatte.

Die Schocksekunde, in der er sich fragte, woher sie diesen Jamie kannte. Die Frage, ob sie wirklich fähig wäre, Gefühle für einen anderen vor ihm zu verbergen. Die Erleichterung, als ihm einfiel, dass ihre Arbeitskollegin von allen ‚Jamie‘ genannt wurde. Dann sein Lachen über sich selbst, die Scham ... er hatte sich schäbig gefühlt, so als hätte er einen furchtbaren Vertrauensbruch begangen. Er überlegte, ob er es ihr vielleicht sagen sollte, und hatte Angst davor. Nicht, weil er befürchtete, sie würde es verurteilen. Er glaubte nur nicht, dass sie es verstehen würde. Eifersucht lag ihr fern, das wusste er. Er war dankbar dafür und wunderte sich dennoch darüber.

Ihre Angst war anders als jene, die er von sich selbst kannte. Sie fürchtete sich eher davor, er würde nicht auf sie warten, so als könnte sie für ihn einfach Stück für Stück verblassen. ‚Ich würde noch um einiges länger auf dich warten, Lara', dachte er, als sie weiter weltvergessen ihre Runden drehte, ‚Ich habe ohnehin das Gefühl, die ganze Zeit nur auf etwas zu warten. Ich tue alles, um weiterzukommen, aber letztendlich sitze ich am Ende des Tages immer in dem gleichen trostlosen Zimmer und schlage meine Zeit tot, weil ich es sonst nicht ertragen kann.'

Diese Gewissheit, dass etwas unerträglich war, er es aber noch eine ganze Weile aushalten musste ... es war grausam, manchmal hatte er das Gefühl, dass sogar sein Körper darunter litt. Er schlief schlecht und fühlte sich morgens nach dem Aufstehen völlig erschlagen. Oft schaute er abends in den Spiegel, schnitt Grimassen in seinem inzwischen so monotonen, müden Gesicht und fand sich selbst humorlos.

Sein Magen schmerzte immer häufiger, seitdem Lara in London war. Am Anfang hatte er es noch auf den Kaffee schieben können, aber inzwischen brauchte er Tabletten, die letztendlich nur ein paar Stunden wirkten. Er sah auf den Boden der Bierflasche. Trinken war vermutlich auch keine gute Idee, doch er wusste, die Schmerzen würden ohnehin wiederkommen.

Nils dachte an die Dachwohnung, die sie sich geteilt hatten, bevor Lara gegangen war. Er hatte sich seinen Anteil an der Miete kaum leisten können, doch er hatte die Wohnung wirklich gemocht, auch wenn sie alles andere als perfekt war. Sie war ein wenig zu klein für zwei Menschen, die Küche war veraltet und im Sommer war es zu warm gewesen. Doch Lara hatte dort mit ihm gelebt. Er erinnerte sich daran, sich während dieser Zeit mit ihr glücklich gefühlt zu haben.

‚Wir waren wirklich glücklich, Lara', dachte er, ‚Wir fanden es schön, allein zu sein. Einfach nur wir beide. Diese ganze gottverdammte Welt außerhalb einfach mal vergessen. Ich denke, wir haben es nicht genug geschätzt. Wir haben nicht darüber nachgedacht, wie viel kürzeste, alltägliche Momente bedeuten können. Sie fehlen mir. Dir vermutlich auch.'

Laras Schritte wurden langsamer, sie ließ ihre Arme sinken und sah ihn an. Er lächelte sie an und hoffte, dass sein Lächeln nicht zu traurig war. Sie hatte für ein paar Momente zu fröhlich ausgesehen, als dass er es hätte zerstören wollen.

Sie lief auf ihn zu und fasste nach seiner Hand. Er schloss kurz die Augen und spürte, wie sie ihn aus dem Flur in Melinas Zimmer zog. Als er die Augen wieder öffnete, lehnten sie gegen die Tür. Die Musik war hier nur noch ein dumpfes Echo. Er genoss es, ihren Atem zu hören und ihre weiche Haut zu spüren, bis von Melinas Bett ein lautes Husten erklang. Lara schrak zusammen. Unter der Decke wand sich eine Gestalt, nach ein paar Sekunden tauchte ein zerzauster Haarschopf auf.

„Wer seid ihr denn?", fragte eine fremde Stimme verschlafen, „Was macht ihr hier?"

Verwirrt ließ Nils Lara los, trat einen Schritt beiseite und schaute den Fremden an, versuchte sein Gesicht jemandem zuzuordnen, den er kannte. Ein Schlag gegen die Tür. Sie schwang auf und Melina kam herein.

„Was macht ihr denn hier? Was ist los mit euch?"

„Wer ist das?", fragte Lara entgeistert und deutete auf die Gestalt auf dem Bett, die irgendetwas Unverständliches murmelte und wieder zwischen den Decken versank.

Melina ließ ihren entgeisterten Blick an ihnen herabgleiten. Ihr Rausch schien verflogen.

„Ich habe keine Ahnung."

Nils wusste nicht, warum weder er noch Lara etwas sagten. Verlegenheit wäre wohl das falsche Wort gewesen für das, was sie empfanden. Stattdessen ließen sie Melina stehen, holten ihre Jacken und zogen die Wohnungstür hinter sich zu. Sie eilten hektisch die fünf Stockwerke nach unten. Die Stufen der Holztreppe schienen ein Eigenleben zu führen: Sie waren unterschiedlich hoch und quietschten viel zu laut, auch wenn sie sich Mühe gaben, nicht zu fest aufzutreten.

Die Stille und die feuchte, kühle Luft auf der Straße lähmten sie. Beide entfernten sich nur sehr langsam von dem Haus und schwiegen, als sie so nebeneinander hergingen. Nils rief ihnen ein Taxi. Als sie im Wagen saßen, lehnte sie ihren Kopf gegen seine Schulter.

„Alles in Ordnung?“, fragte er und sie weinte auf dem ganzen Nachhauseweg. Er bezahlte den Fahrer und ärgerte sich nicht einmal über diese Geldverschwendung. Nils musste sie stützen, als sie auf das Haus zugingen, das wieder so abweisend vor ihnen lag. Laras Schultern zuckten, ihr Oberkörper wurde von ihrem Schluchzen geschüttelt. Sie sank zu Boden, als er nach dem Schlüssel in ihrer Handtasche suchte.

„Das ist doch nicht zum Aushalten. Wie soll das weitergehen?“, sie sah zu ihm auf, mit offenem Mund und feucht glänzenden Augen.

„Das stimmt, es ist nicht zum Aushalten. Aber es geht trotzdem weiter. Wir wollen es so.“

Sie senkte den Blick und wischte sich mit dem Jackenärmel über die Augen.

„Es ist grausam.“

„Das ist es wohl“, er seufzte und streckte ihr seine Hand entgegen, „Wir sollten reingehen, es hat wieder angefangen zu regnen.“

Niemand kennt meinen Namen

Ich laufe am Wasser entlang, die zitternden Hände in den Taschen meines Mantels vergraben. Wie laut mir meine eigenen Atemgeräusche vorkommen! Ich ziehe die Hände aus den Taschen und lege sie über meine Ohren, sodass ich nur noch das Rauschen von Blut in meinem Kopf hören kann. Ein kühler Wind streift mein Gesicht und bewegt die Zweige der Bäume. Sie vollführen in der Dunkelheit einen schaurigen Tanz. Ich bleibe stehen und stütze mich mit der Hand an einem der Baumstämme ab. Vorsichtig fahre ich mit den Fingerspitzen über die trockenen, rauen Vertiefungen in der Rinde. Ich spüre, wie mein Herz immer noch rast, und versuche, ruhiger Luft zu holen.

Ein heftiger Windstoß erfasst meinen Schal. Ich lache, als auch er durch die Luft tänzelt, obwohl nichts lustig ist. Das erstickte Geräusch verhallt ebenso eigenartig wie zuvor das Echo meiner Schritte. Ich halte kurz inne, um danach wieder in Lachen auszubrechen, eben weil mein Lachen so eigenartig klingt. Das Atmen fällt mir nun noch schwerer, doch ich kann mich nicht zurückhalten und lache weiter, auch wenn die Kraft meinen Körper verlässt, ich mit dem Rücken gegen den Baumstamm sinke und mich zu Boden gleiten lasse, während meine Gedanken in beängstigender Geschwindigkeit rasen.

Ich bin schon oft eine Grenzgängerin gewesen. Das Verbotene habe ich immer geliebt und gehasst, es entwickelte zeit meines Lebens einen selbstzerstörerischen Sog, dem ich mich weder entziehen noch hingeben konnte. Ich weiß, dass mich meine Mitmenschen manchmal für dumm halten, weil ich Dinge tue oder nicht tue, die ein gewöhnlicher Mensch nicht nachvollziehen kann, doch das liegt nur daran, dass sie noch nie erfahren haben, was für eine Anziehungskraft die Gefahr ausstrahlen kann. Ich spreche nicht von Leichtsinn. Ich spreche von diesem Gefühl, fasziniert und paralysiert zugleich zu sein, wie eine Maus, die in die Augen einer Schlange blickt.

Auch als wir uns trafen, wusste ich genau, dass es nicht akzeptabel, nicht denkbar war, dass zwischen uns etwas geschehen würde. Fast hoffte ich, er würde das erkennen und einen Rückzieher machen oder mir einen Vorwand liefern, zu gehen. Doch das tat er nicht. Er weigerte sich, von der Bildfläche zu verschwinden, liebte es, mich in Verlegenheit zu bringen und mich an die Macht zu erinnern, die er über mich hatte. Und ich ... ich war seine Beute, stellte mich tot, weil ich hoffte, das würde ihn vertreiben, doch so leicht, war er nicht zu überlisten. Vielleicht ging ich deshalb nicht, als ich noch die Gelegenheit dazu hatte. Ich weiß, dass ich zu einem bestimmten Zeitpunkt noch die Wahl gehabt hätte. Doch den verpasste ich, weil seine Präsenz mich lähmte.

Die Wochen nach unserer ersten Begegnung waren ein Spiel aus verborgenen Treffen, einengenden Fragen und verstohlenen Blicken. Ich fühlte mich so, als würde ich auf einer Klippe balancieren, während er mich verfolgte. Der Grat wurde immer schmaler, der Abgrund immer tiefer. Ich bat ihn oft, mich nicht in diese Richtung zu drängen, hoffte, er würde mir irgendwann erlauben, stehenzubleiben oder gar umzudrehen, doch er kannte weder Gnade noch Mitgefühl. Ich wusste, ich musste ihn überzeugen, ihn umstimmen, wenn mir noch etwas anderes bleiben sollte als die endlose Tiefe. Ich fragte mich oft, wieso er nicht ins Wanken geriet, schließlich war für ihn ebenso wenig Platz wie für mich, doch immer, wenn ich ihn genau beobachtete, schien er die Tiefe nicht zu fürchten und nichts drohte, ihn aus dem Gleichgewicht zu bringen. Also wartete ich, denn ich wusste, irgendwann würde auch er mir seine Schwäche zeigen, denn jeder Mensch hat einen wunden Punkt, etwas, das ihn verletzbar macht.

Ich erinnere mich, wie ich einst in der Schule vor vielen Jahren an einem Vorlesewettbewerb teilnahm. Die Lehrer und Schüler machten sich über mich lustig, als ich mich anmeldete, denn zu diesem Zeitpunkt war alles, was ich zwischen den Drähten meiner Zahnspange hervorbrachte, ein verlegenes Stottern. Doch als ich schließlich vor all den Menschen stand, die bereit waren, über mich zu lachen, war der Bann gebrochen, ich las flüssig und ohne Versprecher, staunte selbst über die sorgfältige Artikulation. Und ich erfuhr, zumindest für ein paar Minuten, wie es war, wenn die Menschen mir zuhörten, anstatt über mich zu lachen oder in meiner Anwesenheit von mir zu sprechen, als sei ich nicht da. Während ich von Helden und Fabelwesen las, genoss ich die Aufmerksamkeit und auch die Macht über mich selbst, von der ich glaubte, ich hätte sie zurückgewonnen.

„Noch eine Mär weiß ich, die ist mir wohl bekannt:
Einen Linddrachen erschlug des Helden Hand,
dann badet er in dem Blute. So ward dem Recken wert,
die Haut von solcher Härte, dass keine Waffe sie versehrt."

Ich schloss die Augen, als ich das Buch zuklappte, und wünschte mir, auch meine Haut sei undurchdringbar. Doch natürlich hatte dieser Moment, dieser Wimpernschlag in meiner Jugend, nichts verändert. Es ist Irrsinn, denjenigen imponieren zu wollen, die einen zuvor unterdrückt haben.

Heute Abend, als wir bei ihm waren, sagte ich, dass ich gehen wollte. Seine Antwort war nur ein gehässiges Lachen.

„Warum sollte ich das zulassen?", fragte er mich und grinste hämisch. Ich weiß, dass er in diesem Moment davon überzeugt war, mir Angst zu machen, doch tatsächlich musste ich mir einen Laut der Erleichterung verkneifen, denn ich hatte seine Schwachstelle gefunden. Es war der Leichtsinn oder das, was man Hybris nennt. Er unterschätzte mich. Eigentlich war das keine Überraschung, ich bin schon immer unterschätzt worden. Ich hätte damit rechnen sollen, dass auch er in dieser Hinsicht nicht anders sein würde. Also sah ich ihn an, ahmte einen erschrockenen Gesichtsausdruck nach, während er mich verhöhnte.

„Was willst du bitte tun?", er grinste, „Niemand weiß von meiner Verbindung zu dir. Du bist irgendeine Unbekannte aus dem Nichts. Niemand kennt deinen Namen."

Er war heute Abend wirklich übermütig. Die Macht, die er über mich hatte, stieg ihm derart zu Kopf, dass er nicht bemerkte, wie ich viel länger im Bad brauchte als gewöhnlich. Ich durchsuchte möglichst leise seine Schränke. Nagelschere. Zu stumpf. Rasierklinge. Eher nicht, es war alles zu auffällig. Doch schließlich durchwühlte ich die oberste Schublade und lächelte, weil ich meine Waffe gefunden hatte: ein kleiner Spiegel, im Handtaschenformat. Bestimmt hatte der einst einer Frau gehört, die er ähnlich wie mich behandelt hatte. Ich blickte mein Gesicht an, sah mir selbst in die Augen und erinnerte mich daran, dass ich stark sein musste und dass ich kein Mitleid haben durfte. Ich hielt einen Moment inne, bevor ich das Wasser anstellte, sodass er nicht hörte, wie ich den Spiegel gegen die Wand schmetterte und in zwei Teile zerbrach. Ich steckte die Spiegelscherbe in die Tasche meines Kleides und kehrte zurück ins Schlafzimmer. Er stand an der Tür zum Balkon, den Blick durch die Glasscheibe auf die Straße gerichtet, als ich eintrat.

„Komm mit", er öffnete die Tür, „Ich will dir etwas zeigen."

Ich nickte und folgte ihm nach draußen. Er führte mich an dem kleinen Tisch und den zwei Stühlen vorbei, die während des Sommers einen schönen Platz im Freien boten, und führte mich zu einer Leiter, die nach oben aufs Dach führte.

„Na komm", er lächelte, „Oder hast du etwa Angst?"

Er stieg als Erstes die Leiter nach oben, ich folgte ihm. Als ich die letzten Sprossen erklomm, wartete er bereits. Ich schluckte, als ich ihn sah. Er wirkte riesengroß, wie er in seiner abwartenden Haltung vor mir stand und mich nicht aus den Augen ließ. Meine Hände zitterten, was ihm natürlich nicht entging.

„Hast du Angst vor mir?", er lächelte.

Ich nickte. Sein Lächeln wurde noch breiter.

„Gut. Das solltest du auch", er bot mir seinen Arm, den ich ergriff, um von der Leiter zu klettern. Er sah mich einen Moment im flackernden Licht lauernd an, dann schleuderte er mich von sich, hielt aber meine beiden Handgelenke fest, sodass mein Gesicht leicht über den Abgrund ragte, meine Füße aber noch auf dem Dach standen.

„Du wolltest mich also verlassen", flüsterte er leise, „Aber das kannst du nicht, hörst du? Du gehörst mir. Wenn ich will, dass du gehst, dann gehst du. Wenn ich will, dass du bleibst, bleibst du. Und wenn ich will, dass du vom Dach fällst, dann fällst du."

Ich rang nach Luft.

„Bitte nicht", murmelte ich, „Bitte nicht, lass mich nicht fallen."

Er lachte.

„Nein. Dafür ist es noch zu früh."

Er zog mich wieder auf die Füße. Ich umklammerte seinen Hals und spürte, wie das Lachen seine Brust schüttelte, spürte die Finger meiner anderen Hand, die sich in meiner Tasche um die kantige Scherbe klammerten. Meine Fingerkuppen fuhren über die raue Haut seines Halses, seine Bartstoppeln, ertasteten das regelmäßige und doch fragile Pochen unter Haut und Fleisch. Schließlich blickte ich zu ihm auf und sah, wie seine Augen sich weiteten, als ich ihm die Scherbe an die Kehle hielt.

„Nein", seine Stimme blieb ruhig, dennoch sah ich die Unsicherheit in seinem Blick, „Das traust du dich nicht."

„Du kennst mich nicht", erwiderte ich.

„Ich kenne dich gut genug."

„Nein, tust du nicht", ich richtete die Scherbe weiter auf ihn und drängte ihn zum Rand des Daches, „Du benutzt mich, um das zu bekommen, was du haben willst. Kennen ist etwas anderes."

„Denkst du wirklich, du kommst damit durch?", seine Stimme klang heiser, „Du hast keine Chance."

Nun war ich es, die lachen musste.

„Was willst du bitte tun? Niemand weiß von meiner Verbindung zu dir. Ich bin irgendeine Unbekannte aus dem Nichts. Niemand kennt meinen Namen."

Ich sah ihn noch für einen Augenblick an, der mir vorkam wie eine Ewigkeit, so als wollte ich mich davon überzeugen, dass sein Anblick echt und keine Täuschung war. Doch er blieb vor mir stehen, den Körper angespannt, in Vorbereitung auf den Fall. Wie in Zeitlupe erhob ich meinen anderen Arm und stieß ihn vom Dach. Er schrie nicht. Ich sah, wie er sich in der Luft drehte, und wandte meinen Blick ab, als er auf dem Boden aufschlug.

Ich öffnete meine Hand und betrachtete mein Gesicht in der blutigen Spiegelscherbe. Es sah aus, als würde ich eine rote Maske tragen. Vorsichtig strich ich mit der Hand über mein Kinn und spürte, wie ich es mit meinem Blut benetzte. Ich weiß nicht, wie lange ich auf dem Dach stand. Schließlich erinnerte ich mich daran, dass ich hier nicht lange bleiben durfte. Ich ging zurück ins Bad und sammelte die zweite Hälfte der Spiegelscherbe ein, wusch sorgfältig mein Gesicht und verband meine Hand. Ansonsten sorgte ich dafür, dass nichts fehlte, und beseitigte alle Blutflecken. Als ich das Haus verließ, versuchte ich, nicht auf den verrenkten Umriss zu achten, den ich im Garten erkennen konnte, und zog das Tor vorsichtig hinter mir zu. Leise und mit schnellen Schritten verließ ich das Viertel, bis ich schließlich das Flussufer erreichte und anfing zu lachen, weil ich mich so frei und unfrei zugleich fühlte und ich mich fragte, wie das eigentlich sein konnte.

Ich habe aufgehört zu lachen und erhebe mich langsam. Ich greife in meine Tasche und werfe die beiden Spiegelscherben ins Wasser, sehe dabei zu, wie sie Kreise ziehend untertauchen, und spüre, wie mein Atem sich beruhigt. Ich zwinge mich, ruhig zu bleiben und im Kopf noch einmal die Schritte durchzugehen, die ich nun befolgen muss. Ich werde nachhause zurückkehren, versuchen ein paar Stunden zu schlafen und schließlich meine Vermieterin anrufen. Ich werde meinen Mietvertrag kündigen, die wenigen Sachen, die ich besitze, in Koffer packen, mir ein Taxi zum Bahnhof nehmen und in einen Zug steigen. Ich glaube nicht an einen Neuanfang und ich will auch kein anderes Ich in der Fremde finden. Aber ich werde irgendwo aussteigen, wo ich noch nicht gewesen bin, an einem Ort, zu dem ich keine Verbindung habe und wo niemand meinen Namen kennt.

Die Müllsammlerin

Die Sonnenstrahlen, die durch die doppelt verglasten Fenster fallen, wecken mich. Ich hebe träge den Kopf und stelle fest, dass ich ein Bündel ungewaschener Kleider als Kopfkissen benutzt habe, das einen unangenehm säuerlichen Geruch verbreitet. Ich rieche an meinem Haar und stelle fest, dass er sich bereits dort festgesetzt hat. Angeekelt schiebe ich die geöffnete, halbvolle Bierdose beiseite und erhebe mich. ‚Es ist vermutlich schon fast Mittag', denke ich, als ich von meinem Fenster aus auf die belebte Straße blicke. Ich betrete das Bad und drehe das Wasser der Dusche auf, auch wenn nur ein mickriger Strahl auf mich herabfällt und langsam an mir abperlt. Ich wasche mein Haar und stelle fest, dass meine Haut nach Alkohol riecht. Seufzend steige ich aus der Badewanne und reibe mir Haar und Gesicht mit dem Handtuch trocken. Ich blicke in den Spiegel. ‚Sehe ich anders aus? Nein. Immer noch das gleiche Gesicht, der gleiche Körper. Vielleicht habe ich dunklere Schatten unter den Augen und unreinere Haut, vielleicht.'

Ich schlüpfe in ein frisch gewaschenes Sommerkleid und ärgere mich erneut über die Tatsache, dass ich hier erst in den Keller gehen muss, um Wäsche zu waschen. Hier ... ich habe mich in den letzten zwei Wochen ebenso wenig an das hier gewöhnen können, wie an das morgen. Ich wache auf, jeden Morgen, und das erste Gefühl, das mich überkommt, ist Enttäuschung. Sobald ich aufstehe, einen klaren Gedanken fassen kann und mich umsehe, verwandelt sich die Enttäuschung in Wut.

Ein Zimmer mit Küchenzeile und Bad. Eine Matratze liegt in der Ecke. Ich habe nichts, um sie zu beziehen, und habe nur frische Handtücher auf ihr ausgebreitet. Neben der Matratze habe ich die Bücher aufgestapelt, die ich auf dem Flohmarkt gekauft habe. Manche von ihnen habe ich mit dem Umschlag nach oben aufgeklappt, auch wenn ihnen das den Rücken bricht. Ich beuge mich nach unten und hebe das erste Buch vom Stapel auf. Erneut lese ich den einseitigen Text, den ich schon auswendig kann, weil ich ihn in den letzten Tagen wieder und wieder verschlungen habe, so als könne er mir verraten, warum ich nun hier am Boden liege, in dieser Oase der Trägheit.

Ich hole einen Fruchtjoghurt aus dem Kühlschrank und setze mich auf einen der Umzugskartons, den ich mit Pfandflaschen gefüllt habe und der mir seither als Sitzgelegenheit dient. Die Matratze war mein erstes Möbelstück. Ich habe sie vom Sperrmüll in der Parallelstraße bis in die Wohnung geschleift. Ich verstehe, warum sie aussortiert wurde. Sie ist zu weich, jeden Morgen kann ich den Abdruck meines Körpers sehen, der sich während des Tages nur langsam wieder zurückbildet. Aber ich mag das, weil ich den Eindruck habe, dass zumindest etwas von mir nicht völlig verschwindet.

Ich überlege, ob ich mir einen Tisch aus dem schiefen Regalbrett und dem kaputten Stuhl zimmern soll, die ich ebenfalls auf dem Sperrmüll gefunden habe. Zwei nutzlose Einzelteile zu einem funktionierenden Ganzen zu vereinen. Zwar wäre der Tisch fragil und hässlich, aber was macht das schon? Gut genug, um daran zu essen, wäre er vielleicht. In jedem Fall wäre er gut genug für mich.

Ich habe Urlaub genommen. Weder mangeltes mir an Zeit noch an Geld, mich neu einzurichten, das habe ich auch meiner Freundin gesagt, die mir gestern eine Mitleidsvisite abstattete. Doch ich will keine neue Einrichtung. Ich will mich nicht heimisch fühlen, denn das hier ist nicht mein Zuhause. Am Anfang war das Nichts und ich schwebte in der Leere, hinterlassen von der ausgelöschten Vergangenheit und der umgestürzten Zukunft. Doch ich fühlte mich unwohl dabei, denn nichts in diesen Räumen hatte eine Geschichte, nicht einmal ich selbst. Ich begann, die Pizzaschachteln und Plastikboxen der Lieferanten in einer Ecke zu stapeln, weil sie zumindest ein Orientierungspunkt in dieser zeitlosen Wüste waren. Sie erinnerten mich an etwas – und sei es nur die letzte Mahlzeit. In den folgenden Tagen kamen die Plastikflaschen hinzu, schließlich die aussortierte Matratze und der zerbrochene Stuhl. Den Einbauschrank füllte ich mit Geschirr und Besteck vom Flohmarkt. Eine Frau dort hatte mir die Ausstattung geschenkt, weil die Teller zu viele Scharten hatten und das Metall stumpf und zerkratzt war. Doch für mich war sie viel wertvoller als ein neues, glänzendes Set, denn die Geschichten, die ich mir dazu ausmalen konnte, waren unbezahlbar. Ich nahm eine der Gabeln in die Hand und stellte fest, dass der Griff mit einer Blume verziert war. Ich stellte mir vor, wie eine liebenswerte, ältere Dame diese Ausstattung einst ihrer Enkelin schenkte, doch die Aussteuer brachte der jungen Frau kein Glück. Zuerst eine rauschende Hochzeit, dann Verrat, Trennungskrieg und Flucht in eine ebenso leere, ungemütliche Wohnung. Kein Zuhause. Doch dann dachte ich an ihre einsame Großmutter und fing an zu weinen vor lauter Mitleid für eine imaginäre Frau, die vermutlich dennoch irgendwo in ähnlicher Weise existierte. Ich weinte, weil ich meine eigene Großmutter nie kennengelernt hatte. Und ich weinte, weil ich mir selbst leidtat.

Auch hinter der Matratze verbirgt sich eine tragische Geschichte: Einst eine weiche Zuflucht für ein Liebespaar, doch Eifersucht und Wahn saßen bald als ungebetene Gäste auf der Bettkante, bis er eines Nachts zum Messer griff und sie erstach. Die Blutflecken wurden hinausgewaschen und der Stoff gebleicht, doch wenn das Licht in einem bestimmten Winkel fällt, kann man noch die Schatten des Verbrechens erkennen.

Am besten gefällt mir der Karton mit den Plastikflaschen, denn er birgt ein wahres Mosaik an Lebensgeschichten und Momenten, die uns wie ein Aufflackern erscheinen, weil sie so schnell vorbeiziehen. Ein dehydrierter Jogger, der sich im Park auf eine Bank setzt, um sich auszuruhen. Ein geschiedener Vater, der nur den Sonntag mit seinem Kind verbringen darf. Ein schwules Pärchen, nur heimlich treffen sie sich aus Angst vor ... wovor eigentlich?

Vielleicht vor der Verurteilung durch die Gesellschaft, vielleicht vor ihren Familien, ihren Freunden? Eine weitere Geschichte über diejenigen, die uns beschützen sollten, sich aber gegen uns wenden.

Als ich mich vor zwei Tagen aufraffte, die Wohnung zu verlassen und im Park loszog, um die Flaschen zu sammeln, rannte nach ein paar Minuten ein fremder Mann auf mich zu und schrie mich an. Sein Bart war lang und seine Kleidung abgerissen. Erschrocken ließ ich die Tüte mit den Plastikflaschen fallen und entschuldigte mich, auch wenn ich nicht einmal wusste, wofür. Der Fremde hielt mich für einen Umweltschützer, doch ich erklärte, dass ich nach Erinnerungen suche, einem Stück Geschichte, und das verstand er. Er drückte mir die Tüte wieder in der Hand und sagte mir, ich solle meine Sammlerstücke behalten, vielleicht sei ja eine Flaschenpost dabei. Schließlich nannte er mich eine Mosaikkünstlerin, doch ich fühlte mich eher wie eine Diebin.

Der Fruchtjoghurt ist ausgelöffelt. Sorgfältig spüle ich den Becher und lege ihn auf den Berg der anderen Sammlerstücke. Vielleicht werde ich sie alle zu einer Couch zusammenkleben, auf der ich mich niederlassen kann und mitgerissen werde von der Wucht der verschiedenen Eindrücke, von der Tragik zahlreicher Biografien.

Ich drehe mich um und durchwühle den Werkzeugkasten, den ich mir von den Nachbarn ausgeliehen habe. Etwas Holzleim, ich mag diesen Geruch, auch wenn es ungesund ist, die Dämpfe einzuatmen. Ich öffne die Fenster. Als die Sonne mich blendet, klappe ich die Fensterläden zu, die ich aus Pizzaschachteln zusammengeklebt habe. Ich schlage Nägel in das alte, brüchige Holz des Stuhls und hoffe, dass ich sein Rückgrat für eine Weile zusammenhalten kann, bevor er endgültig zerbricht. Während ich prüfe, ob sich das Regalbrett als Tischplatte befestigen lässt, klingelt mein Handy. Ich habe seine Nummer gelöscht, so wie er mir meine Vergangenheit gestohlen hat.

„Hast du eigentlich noch den Kurzgeschichtenband, den du mir letztes Jahr geschenkt hast?“, fragt er mich, kaum, dass er mich halbherzig begrüßt hat.

„Nein“, flüstere ich leise in den Hörer, „den habe ich weggeworfen.“

Grüße den Leoparden

Er ist wieder hier. Jedes Mal, wenn er vor das Gitter tritt, legt der junge Mann den Kopf schief und sieht mich lange an, so, als erwarte er, ich hätte sein Gesicht vergessen.

Menschen neigen dazu, mich zu unterschätzen. Sie denken, ich bestünde lediglich aus Fleisch, Tatzen, Fell und Jagdinstinkten, als wäre ich nichts weiter als eine Tötungsmaschine, nur, dass in mir ein lebendiges Herz schlägt. Es stimmt, töten würde mir leichtfallen. Es liegt in meiner Natur. Nur habe ich diese ein ganzes Leben lang verkannt und ich werde sterben, ohne je nach ihr gelebt zu haben. Aber die Gefangenschaft lehrt andere Dinge. Keine Überlebenswichtigen. Ich lerne nicht, weil es nützlich wäre oder mich interessiert, sondern aus Langeweile. Ich starre aus dem Gehege und beobachte die Besucher, höre ihren Gesprächen zu, um nicht jeden Tag pausenlos an das Gleiche zu denken: ‚Ich werde in diesem Käfig sterben. Ich werde mein Leben lang nichts weiter sehen als die Menschen und diese halbhohe Wand, auf die man Bilder von Urwäldern gemalt hat, um mir vorzuhalten, was ich niemals haben werde.'

Die Besucher ahnen nicht, dass ich sie verstehe. Ich habe auch eine Weile gebraucht, um ihre Sprache zu begreifen, sie ist mir anfangs nicht leichtgefallen. Aber ich hatte schließlich das, was ihnen anscheinend fehlt: Zeit im Überfluss. Sie wirken alle ziemlich gehetzt, wie Beutetiere auf der Flucht, die gestressten Mütter, die ihre Kinderwägen vor mein Gehege schieben und untereinander darüber klagen, überlastet zu sein, die Kinder, die noch ein wenig bleiben wollen und schließlich von mir weggezerrt werden. Manchmal sind auch die Väter dabei. Ein paar von ihnen tragen die Kinder auf ihren Armen, manche haben das Handy am Ohr und blicken der Frau über die Schulter in eine andere Richtung.

Es gibt Gesichter, die immer wieder auftauchen: meine Pfleger, die junge Kassiererin, die abends eine Runde durch den zoologischen Garten spaziert, bevor sie geht, und Familien, deren Kinder nicht genug vom Zoo bekommen können. Am häufigsten besucht mich jedoch dieser eigenartige Mann, den ich nicht verstehe. Er erscheint nachmittags, unter der Woche, wenn der Zoo fast leer ist. Er ist nicht älter als fünfundzwanzig, dennoch frage ich mich, warum er zu völlig anderen Zeiten lebt als die meisten Menschen. Oft ist er müde und riecht ein wenig nach Schlaf, wenn er vor meinem Gehege steht. Er denkt vermutlich, es würde niemandem auffallen, aber mein Geruchssinn ist nicht leicht zu täuschen.

Ich frage mich ohnehin, warum die Menschen sich für die mächtigste aller Arten halten und andere Wesen stets herablassend betrachten: Weder sind sie stark noch widerstandsfähig. Ihr Geruchsinn ist schwach entwickelt, ihr Gehör ist ein Witz und im Vergleich zu meiner Sehkraft sind ihre Augen nutzlos. Dennoch bin ich es, der in einem Käfig ihren Blicken ausgesetzt ist und sie sind die Kerkermeister. Ich wäre dazu fähig, jeden Besucher zu zerfleischen, der mich dämlich anglotzt oder mich beleidigt, wenn die Gitterstäbe nicht wären. Doch sie sind da.

Ich laufe im Käfig auf und ab.

Zu dem jungen Mann gesellt sich seine Begleiterin. Ihr Gesicht sehe ich auch ab und zu. Manchmal ist sie bei ihm, aber nicht immer. Vor allem in letzter Zeit kommt das seltener vor. Jedes Mal, wenn ich die beiden zusammen sehe, ist sie ungeduldiger und er geistesabwesender. So ist es auch heute. Ich kann aus dem Augenwinkel wahrnehmen, wie sie auf ihn einredet. Ich spitze meine Ohren, es ist für mich ein Leichtes, ihre Unterhaltung mitzuhören.

„Ich mache mir Sorgen um dich", sagt die junge Frau.

„Du musst dir keine Sorgen machen", antwortet er. Schließlich spricht er ihren Namen aus, als würde sein Klang ihm Trost spenden. Leise wiederholte er diese Silbe, immer wieder, bis sie ihn irritiert anstarrt und fragt, ob er einen Kaffee möchte.

„Nein, danke", er sieht mir dabei zu, wie ich umherlaufe.

Sie verdreht genervt die Augen und verlässt den Bereich vor dem Raubtierhaus. Ihr Begleiter lehnt die Arme auf die Brüstung und starrt trübselig in mein Gehege. Früher konnte ich in seinem Gesichtsausdruck Bewunderung erkennen. Aber nun scheint er sich an meinen Anblick gewöhnt zu haben, weil man sich nun einmal an alles gewöhnt. Ich frage mich, warum er immer so lange hier stehenbleibt. Ich bezweifle, dass er sich für Leoparden interessiert, er hat kein einziges Mal die Infoschilder oder die herumliegenden Broschüren gelesen. Sein leerer, starrender Blick versetzt mich in Unruhe. Ich beginne erneut damit, im Kreis zu laufen. Das hilft.

Das Mädchen ist zurück. In ihren Händen hält sie einen Pappbecher, aus dem sie einen vorsichtigen Schluck trinkt. Sie schaut ihn an.

„Können wir jetzt reden?"

„Das konnten wir eben auch schon."

„Nein", sie atmet aus, „Das konnten wir nicht. Weil du abwesend warst. Weil du eigentlich ständig abwesend bist."

„Ich weiß", er senkt den Kopf und seufzt, „Ich stehe neben mir. Und das schon seit einiger Zeit."

„Es geht um sie, stimmt's?"

„Ja. Und nein."

„Geht es vielleicht noch konkreter?"

Der junge Mann lächelt sie entschuldigend an.

„Na ja, ich denke schon daran, aber es betrifft nicht nur sie."

„Was denn dann?"

Das Mädchen hat heute einen schlechten Tag. Ich kann ihr ansehen, dass sie kurz davor ist, die Fassung zu verlieren.

„Nur um mein Leben", sagt er leise, „Ich sollte so nicht leben. Niemand sollte das."

„Du musst sie endlich aufgeben", das Mädchen starrt ihn an, „Verstehst du? Das geht schief. Du weißt das."

„Natürlich weiß ich das. Aber es ist noch nicht vorbei."

Sie nimmt einen Schluck Kaffee. Ihre Hände zittern vor Wut, aber er bemerkt es nicht.

„Ich will dir helfen", bringt sie zwischen zusammengebissenen Zähnen hervor, „Wenn du unglücklich bist, ist das nicht schön, aber es gibt eine Lösung. Lass mich dir helfen."

„Du kannst mir nicht helfen", erwidert er langsam.

„Warum nicht?"
„Sei einfach da. Das ist schon besser, als alleine zu sein."
Jetzt ist es vorbei.
Ihre Hand fegt den Kaffeebecher von der Brüstung. Er sieht dabei zu, wie der Pappbecher auf dem Boden aufschlägt und sich eine schwarze Lache ausbreitet. Sie stürmt wütend davon. Auf halbem Weg dreht sie sich um und ruft ihm zu:
„Weißt du, es ist vollkommen egal, ob ich hier bin. Denn du bist es offenbar nicht. Sag mir Bescheid, wenn du wieder ansprechbar bist."
Er blickt ihr erstaunt nach. Erst als sie ihn nicht mehr sehen und hören kann, tritt ein Ausdruck von Bedauern in sein Gesicht und er murmelt eine Entschuldigung. Ich bleibe stehen und schaue ihn an. Er bemerkt meinen Blick und erschrickt.
„Das ist ja eigenartig", sagt er, „So als hättest du mich verstanden. Eigentlich bin ich wie du. Ich bin ein Gefangener."
Ich knurre und komme dem Zaun näher. Er weicht zurück, so als würde dieser nicht existieren. Die Stufe hinter sich übersieht er. Sein Sturz muss schmerzhaft gewesen sein, dennoch steht er wieder auf und klopft sich den Staub von der Jacke. In seinem Blick kann ich Erstaunen wie Entsetzen erkennen, während er sich rückwärts von meinem Gehege entfernt.

Die folgende Woche vergeht langsam. Ich drehe meine Runden im Käfig. Mir entgeht nicht, dass ich begonnen habe, Ausschau nach ihm zu halten: Sobald ich in der Menge ein ausdrucksloses Gesicht, ein Paar zerbeulte Jeans oder ein scheußliches, kariertes Muster erblicke, unterbreche ich meinen Lauf, sehe genauer hin und bin enttäuscht, wenn ich in der Gestalt einen Fremden erkenne. Ich beginne, unruhiger zu schlafen, weniger zu fressen und laufe nicht mehr den ganzen Tag umher, da ich zu erschöpft bin.

Eines Tages fällt ein Schatten auf das Gehege. Ich öffne langsam meine Augen. Er ist wieder da. Er steht vor dem Gitter und starrt mich an. Langsam erhebe ich mich und komme näher. Wir verlieren uns darin, einander anzustarren. Beute und Jäger, Mensch und Tier. Er nickt und schaut mich ernst an, so als wolle er mir sagen: „Siehst du. Wir sind uns ähnlich."

Ich könnte eine drohende Haltung einnehmen, knurren. Doch aufs Neue wird er sich nicht einschüchtern lassen. Er ist sich des Gitters bewusst, das zwischen uns liegt. Schließlich lasse ich mich sinken und lege meinen schweren Kopf auf den Tatzen ab.

Sein Handy klingelt. Ich muss nicht hinhören, um zu wissen, dass es seine Begleiterin ist. Er steht so dicht am Käfig, dass ich ihre Worte verstehen kann, auch wenn sie ein wenig verzerrt klingen.

„Es tut mir leid", sagt sie.

„Ich weiß", antwortet er.

„Wo bist du?"

„Im Zoo, wo sonst? Ich besuche den neurotischen Leoparden."

Ich weiß nicht, was ‚neurotisch' bedeutet.

„Grüße den Leoparden", sie lacht, „Läuft er wieder im Kreis herum?"

Er sieht auf mich herunter. Ich weiche seinem Blick nicht aus, sondern starre ihn an, so, als wäre er der Jäger und ich das hilflose Tier, das ihm nicht entkommen kann.

„Nein", sagt er schließlich und legt das Handy weg.

Er ist nicht hier

Es war ein Zufall, eine gewöhnliche, dumme Begebenheit, durch die ich von seinem Tod erfahren habe. Ich saß in meinem Zimmer, kämpfte an gegen Prokrastination und quälte mich mit meiner Doktorarbeit, dem Ergebnis eines lustlosen Studiums. Viele Jahre hatte ich mich zur Fakultät geschleppt, auch wenn ich nicht den Eindruck hatte, wirklich etwas zu lernen, sondern eher meine Zeit abzusitzen und einen Vorwand für mein Warten zu suchen. Welches Warten? Vielleicht ein Warten darauf, älter und ernsthafter zu sein, vielleicht ein Warten darauf, nicht mehr so lachhaft jung zu sein, vielleicht ein Warten auf ein Zeichen, auf etwas, das mich aus meiner Lethargie reißen würde, die mich zuerst Wochen, dann Monate und schließlich Jahre lang lähmte.

Irgendwann dachte ich daran, dass Matthias mir vielleicht helfen könnte. Es war nur eine kleine Information, die mir fehlte, ich erinnere mich nicht einmal mehr, worum es sich handelte, vielleicht ein Artikel zu dem Thema, eine andere Arbeit, nach der ich suchte. Eigentlich hätte ich der Sache auch selbst auf den Grund gehen können. Doch auch, wenn ich nicht mehr weiß, was das eigentliche Problem war, bin ich mir sicher, warum ich mich ausgerechnet an ihn wenden wollte. Nach all den Jahren, die seit unserem letzten Treffen vergangen waren, war ich immer noch davon überzeugt, dass die Zeit nichts an jener Tatsache ändern konnte, die für mich in Stein gemeißelt war: dass Matthias eben immer wusste, was zu tun war und handelte, wenn alle anderen um ihn herum untätig waren. Es war seine Natur, zu helfen, und die Menschen um ihn herum dazu zu bringen, Größeres zu leisten, als sie es selbst von sich erwarteten.

Als ich die Nummer wählte, erinnerte ich mich an mein drittes Semester in München, in dem ich mich noch immer neu in der Stadt fühlte und im Büro von Matthias bestem Freund Thomas als Werkstudent beschäftigt war. Wir lernten uns kennen, als er Thomas von der Arbeit abholte, und kamen sofort ins Gespräch.

Er war älter als ich, knapp drei Jahrzehnte, aber das machte mir nichts aus. Ich umgab mich gerne mit Menschen, die älter waren als ich, ich sammelte sie fast wie Trophäen, die bewiesen, dass ich doch ernsthafter war, als man mir zugestand. Er sagte mir, ich solle mich melden, falls ich Hilfe bräuchte. Ich lächelte nur höflich, als er es aussprach, doch tatsächlich dauerte es nicht lange, bis ich sie in Anspruch nahm. Er half mir, eine neue Wohnung zu finden, als mein Mitbewohner mich aus unserer WG drängte. Er überzeugte mich, mein Studium nicht an den Nagel zu hängen, und nicht in meine Heimatstadt zurückzukehren, als ich vom Zweifel geplagt wurde.

Damals lebte ich in einer großen Stadt im Süden, heute lebe ich in einer noch größeren Stadt im Norden, dennoch bin ich immer ein Kind vom Lande geblieben, auch wenn ich es oft verleugnet habe. Auch wenn ich meine Eltern nicht mehr so oft wie früher besuche, kommt mir die Welt, in der sie leben, niemals zu klein vor, nur meine erscheint mir immer noch zu groß, als dass ich in ihr leben könnte, ohne unterzugehen oder zumindest ein winziger Pinselstrich in einem monumentalen, wirren Gemälde zu sein. Also blieb ich in dieser Stadt, an die ich mich gewöhnte, auch wenn ich sie nicht lieben lernte, wie Matthias es mir versprach. Stattdessen lernte ich ein Mädchen lieben. Ich vergaß das Chaos in meinem Kopf, sie war ab sofort der Fluchtpunkt, auf den sich all meine Gedanken richteten.

Doch ihre Gefühle waren weit gestreut, so als hätte man einen Lichtstrahl auf eine konkave Linse geworfen und irgendwann traf ihr Blick ein anderes Gesicht, in das sie sich verliebte, während ich für sie verblasste. Es dauerte nicht lange und sie lebte, als hätte es mich nie gegeben und wir hätten niemals existiert. Ich wollte es nicht akzeptieren, stellte ihr nach, rief sie an, schrieb ihr endlose Nachrichten, in denen ich von Verlusten in der Kindheit und von Zukunftsangst erzählte, bettelte, drohte, doch nichts half. Das einzig Konstante an ihr war ihre Unstetigkeit, denn bald erregte wieder ein anderer ihre Aufmerksamkeit und ich begann mich zu fragen, ob sie in mich oder in die Liebe verliebt gewesen war.

Die Zeit beantwortete diese Frage und ich sah mit an, wie die Liebe das Mädchen wieder und wieder zerbrach, ebenso wie sie auch mich zerbrochen hatte. Mein Zorn verrauchte, denn ich erkannte, dass auch sie litt und es keinen Gewinner in diesem sinnlosen Glücksspiel gab, sondern nur Verlierer, die sich am Ende des Tages mit leeren Taschen und ohne Illusionen auf den Heimweg machten. Von einem Tag auf den anderen wurde mir klar, dass ich fort wollte aus dieser Stadt, in der mich alles an sie erinnerte. Ich wechselte die Uni, zog aus meiner Wohnung aus, verabschiedete mich von meinen Freunden. Matthias wünschte mir alles Gute, als ich ging. Zwei Monate, nachdem ich meine erste große Liebe verlor, lernte er eine Frau kennen und heiratete sie bereits ein halbes Jahr später, worüber wir alle den Kopf schüttelten. Aber so war Matthias eben – ein weiser Ratgeber für die anderen und ein hitzköpfiger, leichtsinniger Verrückter, wenn es um seine eigenen Entscheidungen ging.

Eine automatische Ansage teilte mir mit, diese Nummer sei nicht vergeben. Ich dachte mir nicht viel dabei und rief in seinem Büro an, doch schon wieder war da nur ein Tuten in der Leitung, bis der Anruf abbrach. Nun war ich beunruhigt. Hastig suchte ich die Nummer des Büros heraus, in dem ich damals gearbeitet hatte, und wählte. Ich erkannte die Stimme von Markus, der immer noch wie damals das Büro leitete, sich aber nicht mehr an mich erinnerte.

„Dominik, wer?“, fragte er irritiert.

„Ich habe vor ...“, ich zählte nach, „acht Jahren bei euch als Werkstudent gearbeitet.“

„Ich kann mich nicht erinnern, eine Menge Studenten haben schon bei uns gearbeitet. Aber worum geht es denn?“

„Um nichts, was damit zu tun hat. Ich bin auf der Suche nach Matthias.“

Betretenes Schweigen am anderen Ende.

„Ich verbinde dich mit Thomas“, hörte ich die Stimme am anderen Ende sagen und ich saß alleine im Dunkeln meines Zimmers, umkrallte den Hörer und ahnte schon, dass es keine guten

Neuigkeiten waren, die auf mich warteten.

„Dominik, bist du es?“, ich war erleichtert, Thomas Stimme zu hören, auch wenn ich fürchterliche Angst vor dem hatte, war er mir sagen würde.

Ich räusperte mich.

„Thomas. Sag mir, was mit Matthias ist.“

„Dominik, es tut mir so leid. Hat dich niemand benachrichtigt?“

„Nein“, flüsterte ich leise, „Jetzt sag mir, was passiert ist.“

„Matthias ist vor einem Jahr verstorben.“

Ich biss mir auf die Lippen und atmete tief ein.

„Dominik, bist du noch dran?“

„Ja“, sagte ich leise, „Ja. Danke, dass du es mir gesagt hast, Thomas.“

„Tut mir leid, dass du es so erfahren musst.“

„Gibt es eine richtige Art, so etwas zu erfahren?“

„Ich fürchte nicht.“

„Was ist mit ihm geschehen?“

Eine Pause. Ich konnte Thomas vor mir sehen, wie er seinen zögerlichen Gesichtsausdruck aufsetzte und dabei von einem Fuß auf den anderen wippte, wie er es oft tat, wenn ihm etwas unangenehm war.

„Das ist eine lange Geschichte. Und leider keine sehr Gute. Die will ich dir nicht am Telefon in ein paar Minuten erzählen.“

Zwei Tage später trafen wir uns im gleichen Café in München, in dem ich mich früher oft mit Matthias verabredet hatte. Ich erkannte Thomas sofort an seiner leicht schrägen Haltung und an seinem wachen Blick, auch wenn sein Haar lichter geworden war.

„Mein Gott“, er lachte mich zur Begrüßung an, „Bist du groß geworden. Lass dich ansehen.“

„Es ist viel Zeit vergangen.“

„Allerdings, das ist es. Wie oft hast du Matthias noch gesehen, nachdem du aus München weg bist?“

„Nur ein paar Mal, aber wir sind immer in Kontakt geblieben, haben ab und zu telefoniert und uns geschrieben.

Irgendwann hörte ich dann seltener von ihm, aber habe mir nicht viel dabei gedacht."

Ich nahm ihm gegenüber Platz.

„Willst du auch einen Kaffee?"

„Ein Bier wäre mir lieber."

„Wie geht es dir?"

„Gut. Ich beende gerade mein Studium, sitze an meiner Doktorarbeit. Aber das ist nicht wichtig. Wie geht es dir?"

„Wie es einem alten Mann eben geht, der keine Frau, keine Kinder und auch keinen besten Freund mehr hat, und in dessen Leben es weder Gott noch eine höhere Bestimmung gibt. Du kannst es dir vermutlich nicht vorstellen, aber versuch es wenigstens."

„Das tue ich."

Ich legte meinen Mantel ab und seufzte.

„Wie geht es deiner Nichte?"

Ein Lächeln zog sich über sein Gesicht.

„Willst du ein Bild sehen?"

„Aber klar."

Er fasste in seine Tasche und zeigte mir auf dem Bildschirm seines Handys ein lachendes, etwa zehnjähriges Mädchen, das eine kleine Katze auf dem Arm trug.

„Ein liebes Kind", er lächelte wehmütig, „Es kommt mir immer noch vor, als wäre ich erst vor wenigen Tagen ihr Pate geworden, dabei hat sie gerade ihren zehnten Geburtstag gefeiert."

Ich bestellte ein Bier, Thomas trank Espresso.

„Was ist mit der Frau, die du in Berlin kennengelernt hast?", fragte er mich, „Matthias hat mir da etwas erzählt, als er dich vor zwei Jahren besucht hat. Ist das noch aktuell?"

Ich seufzte.

„Nein, ist es nicht."

„Das tut mir leid, Dominik."

„Mir nicht. Sie war die Falsche."

„Besser so. Mit der falschen Frau zusammen zu sein, ist wohl der fatalste Fehler, den ein Mann machen kann. Matthias Geschichte ist da wohl das beste Beispiel."

Ich richtete mich auf und sah ihn abwartend an.

„Wie du weißt, habe ich nie sehr viel von seiner Frau gehalten."

„Monika?"

„Ja", er sprach den Namen aus wie ein Schimpfwort, „Monika. Die beiden haben sehr überstürzt geheiratet, es war wohl das, was ich eine amour fou nennen würde, ihr jungen Leute habt bestimmt einen anderen Namen dafür. Er hat niemals vernünftig denken können, wenn es um sie ging, das ist mir schon von Anfang an aufgefallen. Ich dachte immer, irgendwann wacht er auf und erkennt, was sie für eine falsche Schlange ist, die es auf sein Geld abgesehen hat, aber das ist nie passiert. Also ist er bei ihr geblieben und bei ihren zwei Kindern, schwer erziehbare Biester, wenn du mich fragst. Aber Matthias hat sich niemals über sie beschwert, nicht ein schlechtes Wort über sie verloren."

„Und dann?"

„Du ahnst es schon, oder? Es gibt immer ein Aber. Irgendwann war ihr seine Großzügigkeit nicht mehr genug und sie hatte einen anderen. Ich war dabei, als es herauskam. Irgendein dummer Zufall, mit dem sie sich verraten hat. Ich habe versucht, mit ihm darüber zu reden, aber er wollte nicht. Er ist ausgezogen und hat ab diesem Zeitpunkt fast zwei Jahre lang kein Wort über sie verloren. Sie lebten getrennt, waren aber nicht geschieden. Und dann ... erzählte er mir eines Tages, er hätte sich neu verliebt."

Der Kellner brachte mir das Bier. Ich nahm geistesabwesend einen Schluck und bemerkte nicht, dass ich einen Teil davon auf den Boden verschüttete.

„Sie wohnt in Salzburg, eine ganz junge Frau, kaum älter als du. Er sagte mir, er wäre glücklich und ich habe mich für ihn gefreut. Ich habe sie kennengelernt, sie ist wirklich nett."

Ich schluckte.

„Und dann?"

„Zuerst sah es so aus, als würde alles gut werden. Er fuhr oft zu ihr nach Salzburg, dachte nicht mehr an Monika. Bis er irgendwann anfing, zu husten, und es einfach nicht besser wurde. Lungenkrebs. Nichts mehr zu machen, außer Abwarten. Er hat versucht, tapfer zu sein, aber er war am Boden zerstört. Es blieb ihm auch nicht mehr viel Zeit, mutig zu sein, denn es ging so furchtbar schnell. Es dauerte nur wenige Monate und er konnte kaum noch alleine gehen, sprechen strengte ihn an. Und dann hat er es mir gesagt. Seine Freundin war schwanger, sechster Monat. Ihm selbst blieben nur noch wenige Wochen bis Monate. Er hatte Angst, sein Kind nicht mehr kennenzulernen, trug mir auf, dafür zu sorgen, dass Adriana und das Baby ihn noch besuchen würden können. Doch dann kam Monika dazwischen."

Mir wurde kalt.

„Was hat sie getan?"

„Ich denke, Matthias hat bis zum Ende unterschätzt, wozu sie fähig war. Ich denke, die Frau hatte einfach Angst, dass eine andere und ihr Kind Matthias Vermögen erben würden. Adriana bekam ihr Kind sieben Tage, bevor Matthias starb. Er war nicht mehr in der Lage, sich dagegen zu wehren. Adriana hatte keine Rechte, sie war nur seine Freundin, von der kaum jemand wusste, und konnte in der Eile nicht beweisen, dass es wirklich sein Kind war. Es war zu spät."

„Er hat sein Kind nicht mehr kennengelernt?", fragte ich entsetzt.

Thomas schüttelte den Kopf.

„Ich habe versagt."

„Was ist mit den beiden? Mit Adriana und dem Kind?"

„Ich habe sie vor ein paar Wochen besucht. Sie hat niemanden hier, keine Familie, kaum Freunde. Sie ist ganz allein."

Ich nahm einen weiteren Schluck Bier und seufzte.

„Ich kann es immer noch nicht fassen."

„Dass er in dem Alter noch Vater geworden ist? Oder, dass er tot ist?"

„Beides. Es ist für mich nicht greifbar."

„Das geht mir nicht anders. Weißt du, als er noch gelebt hat, habe ich mich immer darüber beschwert, wie oft er mich angerufen hat, weil wir irgendwem mit irgendetwas helfen sollten. Und weißt du was? Es fehlt mir. Sogar sehr. Und manchmal warte ich darauf, dass mitten in der Nacht mein Handy klingelt und Matthias mich sprechen will. Dann hoffe ich, dass es nur ein wirrer Traum war und wir wieder zusammen jemandem aus der Patsche helfen, genau wie früher."

„Glaubst du, es wäre möglich, dass ich mit Adriana spreche?"

Thomas runzelte die Stirn.

„Das ist keine gute Idee. Sie hat viel durchgemacht, sie braucht keine Besucher, die sie zu Matthias befragen."

„Ich würde sie vorher anrufen und fragen, ob es für sie in Ordnung ist", ich lehnte mich zurück.

„Aber warum?"

„Ich kann nicht fassen, dass er tot ist. Ich muss mit jemandem darüber sprechen. Bitte, sag mir, wie ich sie erreichen kann."

Ein paar Stunden später saß ich im Zug nach Salzburg, mit dem Rücken gegen die Fahrtrichtung, den Blick aus dem Fenster gerichtet. Es hatte einiges an Überzeugungsarbeit gekostet, bis Thomas mir wirklich Adrianas Nummer ausgehändigt hatte.

„Adriana Grimani", die Stimme am anderen Ende hatte leise und zurückhaltend geklungen, ihr melodischer Akzent war sofort deutlich zu hören gewesen.

„Hier ist Dominik Werder, ich war ein Freund von Matthias."

Eine Pause.

„Was wollen Sie?", nun hatte die Stimme unterkühlt geklungen.

„Ich habe ihn sehr lange nicht gesehen, wir waren gut befreundet, als ich in München studiert habe. Und dann habe ich vor wenigen Tagen von seinem Tod erfahren."

„Sie waren gut befreundet mit ihm und haben erst ein Jahr nach seinem Tod davon erfahren?"

Auch wenn ich nicht wusste, wie sie aussah, hatte ich mir ihren skeptischen Gesichtsausdruck ausmalen können.

„Ich weiß, wie das vermutlich klingt. Wir hatten uns für eine Weile aus den Augen verloren, aber ich würde gerne wissen, was mit ihm passiert ist."

„Wissen Sie das nicht längst?"

„Ich habe mit Thomas gesprochen. Aber ich würde gerne mit Ihnen sprechen."

„Thomas sollte meine Nummer sorgfältiger unter Verschluss halten."

„Er hat sie mir nur unter der Bedingung gegeben, dass ich mich Ihnen nicht aufdränge. Und das habe ich auch nicht vor. Wenn Sie mich nicht sehen wollen, dann lege ich jetzt auf und Sie hören nie wieder von mir. Sie müssen mir nur Bescheid geben."

Ein bedrückendes Schweigen. Ich hatte mein Handy umklammert, die Augen geschlossen und auf ihre Zurückweisung gewartet, doch am anderen Ende war es still geblieben.

„Also gut", hatte sie schließlich gesagt, „Verzeihen Sie bitte mein Misstrauen, einige sehr dubiose Menschen haben sich bei mir gemeldet, seitdem Matthias verstorben ist. Sagen Sie mir, wann Sie morgen ankommen, ich werde auf Sie warten."

Als einer der Schaffner mir einen Kaffee anbot, nahm ich dankend an, obwohl der Kaffee im Zug viel zu überteuert war. Ich stellte mir vor, wie eine Adriana Grimani wohl aussah, wie und wovon sie lebte. Ich fragte mich, was eine Frau in meinem Alter wohl in Matthias Arme getrieben hatte. Ein Vaterkomplex? Möglicherweise. Ich schämte mich, weil mir der Gedanke hämisch vorkam, immerhin war Matthias der gutherzigste Mensch gewesen, den ich je gekannt hatte, dennoch war er nie ein Mann gewesen, der durch eine besondere Anziehungskraft auf Frauen aufgefallen war. Er war niemals hässlich gewesen, allerdings auch nicht gutaussehend, weder schlank noch dick, auch das Gesicht absolut durchschnittlich, die Haut unrein und fleckig, eine Allerweltserscheinung. Ich ärgerte mich, dass ich Thomas nicht nach dem Namen von Matthias Kind gefragt hatte und ob es ein Mädchen oder ein Junge war. Ich dachte mir schon, dass Adriana es mir übelnehmen würde, wenn ich zu viel Interesse an dem Kind zeigte, weil es mich nichts anging, aber der Gedanke, dass ein Teil von Matthias das Licht der Welt erblickt hatte, bevor er selbst sie verlassen musste, faszinierte mich. Das Kind würde anders aufwachsen, mit Sicherheit auch anders sein, vielleicht weniger gutherzig, aber dennoch würde es Züge seines Vaters geben, die immer wieder aufblitzen würden, die niemand erkennen würde, abgesehen von seiner Mutter vielleicht. Vermutlich wäre es besser, wenn es nicht das gute Herz seines Vaters erben würde. Glücklich hatte es ihn nicht gemacht. Ich erinnerte mich, wie Thomas mir von Matthias Beerdigung berichtet hatte: Zahlreiche Menschen, denen Matthias geholfen hatte, waren nicht erschienen oder hatten sogar wie ich nichts von seinem Tod mitbekommen.

„Es waren vielleicht zehn Leute da. Der Pfarrer hat eine dieser Ansprachen gehalten, bei denen man genau merkt, dass er keine Ahnung hat von dem Menschen, der da beigesetzt wird. Ich hätte ja selbst eine Rede gehalten, aber ich habe versucht, Adriana dabei zu helfen, das alles zu überstehen. Monika war natürlich auch da und war die ganze Zeit gehässig zu ihr. Als ob sie nicht schon genug durchgemacht hätte."

Ich nahm einen Schluck Kaffee und versank in meinen Überlegungen, was hätte anders sein können, wenn Matthias ein wenig egoistischer gewesen wäre, vielleicht auch ein wenig misstrauischer. An meinem Fenster zogen Wiesen und Wälder vorbei, verschwanden hinter Biegungen, bis mir irgendwann vor Erschöpfung die Augen zufielen und ich nur noch einen undeutlichen Wirbel aus Farben, Formen und Gestalten erkennen konnte, der sich in rasanter Geschwindigkeit von mir entfernte.

Ich weiß nicht, wie ich mir Adriana Grimani vorgestellt hatte, dennoch war ich überrascht, als mir eine zierliche, hübsche Frau, die mir kaum bis zur Schulter reichte, die Tür öffnete und mich hereinbat. Sie stellte sich auf die Zehenspitzen, um mir den Mantel abzunehmen und begrüßte mich verlegen.

„Danke, dass Sie mich empfangen", bemerkte ich verlegen.

„Können wir das mit dem Siezen lassen?", sie lächelte unsicher, als ich ihr ins Gesicht sah. Sie hatte braunes, schulterlanges Haar, das ihr ungezähmt halb ins Gesicht, halb auf die Schultern fiel. Ich schätzte sie auf Mitte bis Ende zwanzig, ihre Gesichtszüge wirkten weich, fast unschuldig, auch wenn etwas in ihren hellbraunen, mit schwarzem Kajal umrandeten Augen mir sagte, dass dieser Eindruck irreführend war.

„Wie Sie wollen, ich meine, wie du willst."

„Danke. Ich mag es nicht, weißt du."

Sie bat mich, meine Schuhe auszuziehen, und bot mir ein Paar dicke Socken an, als sie meine nackten Füße sah. Ich lehnte kopfschüttelnd ab.

„Ich habe fast nichts über dich herausfinden können", bemerkte sie.

„Wie meinst du?"

„Also, wenn ich irgendeinen Fremden zu mir nachhause einlade, damit er mich über meinen toten Freund ausfragen kann, ist es doch legitim, vorher über ihn zu recherchieren, oder?"

„Schon", ich hängte meinen Schal über den Garderobenhaken, „Ich denke nur, dass es über mich nicht viel zu wissen gibt. Ich schreibe gerade meine mittelmäßig interessante Doktorarbeit in Soziologie und bin schon seit Jahren in einer mittelmäßig langweiligen Teilzeitstelle hängengeblieben, die verhältnismäßig gut bezahlt wird."

„Das klingt ja spannend."

„Ich weiß. So kommt es mir die meiste Zeit auch vor. Was machst du beruflich?"

„Webdesign. Ich muss meine Wohnung für meine Arbeit nicht verlassen, das macht es mit Silas ein wenig einfacher. Aber auch so wäre es mir recht. Ich bin recht menschenscheu, weißt du."

„Oh", ich stand unschlüssig im Flur, „Ich will nicht, dass mein Besuch dir unangenehm ist."

„Nein", sie winkte ab, „So was ist schon in Ordnung. Aber ich mag es in letzter Zeit nicht so sehr, den ganzen Tag unter Fremden zu sein, und mich von der Hektik der anderen anstecken zu lassen. In der eigenen Wohnung ist es schon besser."

Sie bot mir einen Kaffee an. Ich rechnete mit einem italienischen Espresso, wie ich ihn mochte, aber wie es sich herausstellte, trank sie nur Filterkaffee. Ich fragte Adriana, ob mich diese Erwartung zum Rassisten mache.

„Eher nicht“, sie lachte, „Höchstens empfänglich für Klischees. Ich mag Filterkaffee ganz gerne.“

Ich musste lächeln, als sie einen Stuhl benötigte, um aus dem Regal eine Dose Kaffee zu holen.

„Wo ist denn Silas?“, fragte ich.

„Er schläft“, sie legte einen Finger auf die Lippen, „Wir müssen leise sein, sonst wacht er auf.“

Ich nickte unsicher und kam mir ziemlich unwissend und nutzlos vor. Sie löffelte Kaffeepulver in den Filter und füllte den Wasserkocher in der Spüle.

„Aus welchem Teil Italiens kommst du?“

Sie schaltete den Wasserkocher ein.

„Aus einer Kleinstadt in der Nähe von Mailand, ich bin dann mit neunzehn aus Italien weg, habe in Wien studiert. Nach meinem Abschluss bin ich nach Salzburg gezogen, weil es mir hier besser gefällt.“

„Warum bist du aus Italien weg?“

„Ich wollte vor ein paar Dingen weglaufen, denke ich“, sie rieb sich mit der Hand den Nacken, „Und du lebst in Berlin?“

„Ja, ich komme ursprünglich aus einem kleinen Dorf in Bayern, habe dann eine Weile in München studiert, bevor ich nach Berlin gewechselt bin.“

„Gefällt es dir dort besser?“

Adriana nahm den Wasserkocher und kippte das heiße Wasser durch den Filter.

„Nein, im Gegenteil“, ich lächelte verlegen und nahm die Kaffeetasse entgegen, die sie mir reichte, „Ich denke, ich wollte hauptsächlich einer gescheiterten Beziehung entkommen.“

„Ein weitverbreitetes Motiv, wie es scheint“, sie gähnte.

„Entschuldige, bist du müde?“

„Was für eine Frage, ich habe einen einjährigen Sohn.“

„Ja, entschuldige, das war wirklich unnötig. Silas ist ein schöner Name.“

„‚Der Erbetene‘ heißt es. Er war schließlich ein Wunschkind und will auch, dass ihm das immer bewusst ist.“

Ich nickte und nahm einen Schluck Kaffee. Sie stellte mir ein paar Fragen über meine Arbeit, über Berlin und meine Familie. Meine Antworten wartete sie zwar ab, dennoch blieb mir nicht verborgen, dass nichts davon sie wirklich interessierte. All ihre Fragen kamen mir vor wie Punkte auf einer To-do-Liste, die man in einem Kennenlerngespräch abhaken musste, bevor man zu den Dingen überging, über die man wirklich sprechen wollte.

„Smalltalk ist so unangenehm", bemerkte ich.

„Ja", sie lachte, „Das stimmt wohl. Ich hasse das auch. Trotzdem tue ich es immer wieder. Irgendwie lernt man einfach nicht dazu. Wollen wir uns setzen?"

Adriana wies mit der Hand auf den Tisch und die beiden Stühle. Ich nickte und setzte mich auf den Stuhl, der in Richtung der Tür ausgerichtet war. Sie goss sich ein Glas Wasser ein und nahm mir gegenüber Platz. Sie sah aus dem Fenster und spielte nervös mit dem Saum der Tischdecke.

„Jetzt ist es immer noch unangenehm", sie biss sich auf die Lippen, „Tut mir leid. Ich bin nicht gut in so etwas."

„Unsinn, es liegt nicht an dir. Wir kennen uns nicht und ich kreuze hier auf, um mit dir ..."

„... über meinen toten Freund zu reden. Sag es ruhig, ich hasse es, wenn die Leute sich nicht trauen, es auszusprechen. Als ob ich das vergessen würde", sie nahm einen Schluck Wasser.

„Ja, da hast du recht. Welche Reaktion ist denn aus deiner Sicht richtig?"

Sie kratzte sich am Kopf. „Ich weiß nicht. Mir fallen nur so viele falsche Varianten ein. Eine wäre es, alles totzuschweigen und dem Thema auszuweichen. Eine andere wäre irgendeine Kalenderweisheit und dann gibt es noch meinen absoluten Favoriten."

„Und der wäre?"

„Gott will es so. Irgendwie scheinen die Leute zu glauben, ich will das hören, weil ich aus einer katholischen Familie komme. So ein Schwachsinn, wenn du mich fragst. Ich gehe zweimal im Jahr in die Kirche, zur Weihnachts- und zur Ostermesse, wenn ich meine Eltern in Italien besuche, aber das war's."

„Bist du noch in der Kirche?“

„Ja, aber ich denke nicht, dass du mich solche Sachen fragen willst.“

„Da hast du recht.“

„Fang doch einfach mit dem an, was du wirklich wissen willst.“

Ich blickte über ihre Schulter in den Flur.

„Wie habt ihr euch kennengelernt?“

„Ich habe als Nebenjob in einem Antiquariat gearbeitet. Er war Kunde, wir kamen ins Gespräch und haben uns am Abend später in einer Bar getroffen.“

„War er zu diesem Zeitpunkt noch mit seiner Frau zusammen?“

„Nein, sie lebten schon seit ein paar Monaten getrennt“, sie legte den Kopf schief, „Wieso fragst du mich das? Denkst du, ich zerstöre aus Spaß eine Ehe?“

„Ich wusste schon vorher, dass seine Frau ihn betrogen hat, hätte ja sein können, dass er es ihr gleichtut.“

„So ist er nicht gewesen.“

„Denkt nicht jeder von sich, er wäre anders, wenn es um so etwas geht? Und tut es nicht dennoch die Mehrheit der Leute?“

„Ich jedenfalls nicht“, sagte sie entschieden.

Ich hob entschuldigend die Hände.

„Ist gut, ich will dir nicht zu nahe treten. Ich unterstelle dir gar nichts. Und wie ging es dann weiter?“

„Wir hatten eine glückliche Beziehung“, antwortete sie nach kurzem Überlegen, „Ich hatte in meinem Leben noch nicht viele Beziehungen, die meisten waren relativ kurz und insgesamt sehr unbefriedigend. Aber mit ihm war es anders. Ich wusste, dass er noch die Sache mit seiner Exfrau zu klären hatte, dass er in einer anderen Stadt lebte und älter war als ich, sogar viel älter, aber trotzdem kam mir das alles nicht kompliziert vor, weißt du.“

„Hat euch das mit dem Altersunterschied nicht gestört?“

Sie schüttelte den Kopf.

„Nein, nicht wirklich. Manchmal vielleicht. Aber letztendlich stören einen immer ein paar Dinge. Das hätte uns jedenfalls an nichts gehindert. Als ich erfahren habe, dass ich schwanger bin, haben wir uns beide furchtbar gefreut. Ich habe mich gefreut, weil ich lange Zeit dachte, ich könne keine Kinder bekommen. Und er war glücklich, weil er dachte, diese Chance längst verpasst zu haben."

Ich trank einen weiteren Schluck Kaffee.

„So ging das zwei Monate lang. Wir haben uns so oft gesehen, wie es nur ging, haben überlegt, ob ich zu ihm ziehen soll. Und dann wurde sein Husten schlimmer. Lungenkrebs im Endstadium. Das war's, hat er gemeint, als er aus dem Untersuchungszimmer kam. Er hat nichts weiter gesagt während der nächsten Tage. Er hat immer nur diesen einen Satz wiederholt, so als würde er sich daran festklammern."

Sie biss sich auf die Lippen. Ich sah weg, nicht weil mich die Tränen in ihren Augen beschämten, sondern weil ich nicht wollte, dass sie sich von mir belauert fühlte.

„Und dann ging es wirklich schnell. Alles passierte in einer Geschwindigkeit, das war unfassbar. Je schwächer und kränker er wurde, desto schneller wuchs das Kind."

Ich wagte es nun wieder, sie anzusehen. Sie schniefte, wischte sich an den Augen herum und sah mich an.

„Was willst du von mir hören? Soll ich dir sagen, dass er bis zum Schluss Haltung bewahrt hat und tapfer geblieben ist? Ist er aber nicht. Und ganz ehrlich, wer könnte es ihm verübeln. Er hat irgendwann einfach aufgegeben. Hat kaum noch mit mir geredet, sich nicht mehr gegen seine verdammte Exfrau gewehrt. Es wurde ihm einfach zu viel und ich verstehe das. Nur habe ich leider auch dafür bezahlen müssen."

„Es tut mir leid."

„Das sagen alle, die diese Geschichte hören. Als ob das helfen würde. Als ob irgendetwas helfen würde."

Sie stand auf.

„Ich weiß wirklich nicht, was du dir hiervon erhofft hast", sie wies unwirsch mit der Hand auf mich, „Dachtest du, du bekommst eine rührselige Geschichte zu hören oder so? Ich hätte dich nicht hierher einladen sollen, wirklich."

„Soll ich gehen?“, fragte ich, doch sie antwortete nicht. Stattdessen lief sie auf und ab und schlug sich mit der flachen Hand gegen die Stirn.

„Ja, natürlich, ich bilde mir immer ein, die Leute wollten vielleicht wissen, wie es mir geht, aber ich bin ja so dumm. Du bist genau wie die anderen. Du kommst hierher, weil du es nicht fassen kannst, dass er tot ist, und du brauchst mein verdammtes Drama und willst vielleicht noch das Kind sehen, damit du es glauben kannst. Gott, du bist ein Trauertourist, das ist wirklich widerlich.“

„Ich wollte nicht ...“, setzte ich an, doch sie unterbrach mich sofort.

„Wieso bin ich so dumm, ich hätte wissen müssen, dass das alles ein verdammter Fehler ist.“

Ich weiß nicht mehr, warum ich nicht einfach ging, wie es die Höflichkeit verlangt hätte. Ich weiß auch nicht, was ich mir dabei dachte. Aber das Nächste, was ich spürte, waren ihre Fäuste, die gegen meine Schulter und meinen Rücken trommelten, als ich sie umarmte und Flüche über mich ergehen ließ, die sie halb auf Deutsch, halb auf Italienisch ausstieß.

„Ich weiß nicht, was da eben los war“, sie stützte ihr Gesicht auf beide Hände. Wir saßen beide auf dem Küchenboden, mit dem Rücken gegen die Schränke gelehnt, die Beine ausgestreckt.

„Schon gut“, ich reichte ihr ein Taschentuch, „Das hatte ich auch verdient, seien wir mal ehrlich.“

Ich hörte einen Schrei aus dem Nebenzimmer und schrak zusammen, auch wenn ich mir im nächsten Moment albern vorkam. Adriana bemerkte mein Unbehagen und lachte.

„Hast du vergessen, dass ich ein Kind habe?“

„Ein bisschen vielleicht“, gab ich zu, „Das ist alles noch ziemlich unwirklich für mich.“

„Dann wird es jetzt eben wirklich“, bemerkte sie nur und verschwand. Ich stand auf und klopfte mir den Staub von der Hose. Ich hörte Schritte und drehte mich um. Im Türrahmen stand Adriana, im Arm ein pummeliges Kleinkind, das mit ihrer Halskette spielte. Das Kind hatte braunes Haar und braune Augen. Ich sah mir sein Gesicht an und versuchte, eine Ähnlichkeit zu Matthias festzustellen, fand aber keine. Es beruhigte mich, als ich zunächst auch nichts von Adrianas Zügen in dem weichen Kindergesicht erkennen konnte.

„Oh nein", Adriana verdrehte die Augen, als sie meinen Blick bemerkte, „Ich habe wirklich gehofft, du würdest das nicht tun."

„Entschuldige."

„Na ja, was soll's", sie drehte sich um und warf mir einen Blick über die Schulter zu, „Wir sollten spazieren gehen, eine Runde um den Park drehen."

Ich bot ihr Hilfe mit dem Kinderwagen an, doch sie schüttelte den Kopf. Das Kind brabbelte vor sich hin, als sie ihm eine Jacke und eine Mütze anzog.

„Dafür ist es gut, im Erdgeschoss zu wohnen. Ich brauche keine Hilfe."

Sie strich sich das Haar aus der Stirn.

„Na dann, lass uns gehen."

Ich öffnete die Haustür und wir traten auf die Straße. Das Viertel, in dem Adriana wohnte, war ziemlich ruhig, lauter kleine alte Häuser reihten sich aneinander, vermutlich war es das, was viele Menschen als Idylle bezeichnen würden.

„So ist es auch", sagte sie, als sie den Kinderwagen über den Gehweg schob, „Es ist schön hier, friedlich. Allerdings habe ich, seitdem Silas da ist, das Viertel nur zwei Mal verlassen, um meine Eltern in Italien zu besuchen. Ansonsten entferne ich mich kaum weiter als ein paar Straßen von meiner Wohnung."

„Ist das denn möglich?"

„Ich arbeite von zuhause aus, gehe in dem Supermarkt um die Ecke einkaufen, die Kinderbetreuung ist auch nicht weit weg. Natürlich geht das."

„Und wie oft ist Silas in der Betreuung?"

„Nur zwei Tage in der Woche. Mir gefällt das ehrlich gesagt auch nicht, er ist zu jung dafür. Aber ansonsten schaffe ich das nicht."

„Gefällt es ihm dort?"

„Er ist ein liebes Kind“, wich sie aus.

Ich sah sie fragend an.

„Ach, es ist kompliziert. Weißt du, was wirklich seltsam ist? Du hast eben für ein paar Augenblicke vergessen, dass ich ein Kind habe. Mir geht es manchmal ähnlich. Manchmal wache ich morgens auf und brauche einen Moment, um zu realisieren, dass ich für zwei Menschen verantwortlich bin. Und dass ich allein bin mit der Verantwortung.“

„Hast du niemanden, der dir helfen kann?“

„Ich habe die Betreuung und eine Freundin, die ab und zu auf Silas aufpasst. Sie liebt Kinder und sie macht das auch wirklich gut. Ich bin darüber zwar froh, aber es ändert nicht sehr viel. Ich darf nicht schwach sein, niemals. Das ist bedrückend.“

„Bereust du es manchmal?“

Sie schüttelte den Kopf.

„Nein. Ich wollte Silas von Anfang an, daran hat auch Matthias Krankheit nichts geändert. Eigentlich komisch, denn früher wollte ich nie Kinder haben. Und dann auf einmal hat sich das geändert. Willst du irgendwann Kinder?“

„Dafür müsste es ja erst einmal mit einer Frau klappen. Und das ist schon schwierig genug.“

„Ist es das?“

„Ja. Ich habe nicht viel Glück.“

„Das tut mir leid.“

„Das muss es nicht. Vielleicht bin ich selbst schuld.“

„Wieso, was machst du?“

„Keine Ahnung, bisher hat mir das noch keine verraten.“

Adriana lachte. Wir kamen an dem kleinen Supermarkt vorbei, in dem sie normalerweise einkaufte. Einer der Kassierer machte gerade eine Zigarettenpause, als wir vorbeiliefen. Er nickte ihr freundlich zu.

„Warum verlässt du das Viertel nicht?“

Sie lächelte traurig.

„Wenn ich das wüsste ... vielleicht, weil wir hier glücklich waren, Matthias und ich. Vielleicht, weil ich hier schon so lange lebe und mich nichts überraschen und nichts ängstigen kann. Vielleicht, weil alle freundlich zu mir sind, weil ich hier immer das Mädchen sein werde, das ein Kind von einem todkranken Mann bekommen hat. Keine Ahnung. Ich habe ein paarmal versucht, mein übliches Territorium zu verlassen, aber dann bin ich in Panik geraten. Zu viele Fremde, zu viele Eindrücke … es tut mir nicht gut. Kannst du das verstehen?“

Ich erinnerte mich an das, was Thomas am Vortag gesagt hatte.

„So sehr, wie es jemand kann, der noch nie einen geliebten Menschen verloren hat und kinderlos ist. Aber ich versuche es.“

Sie lächelte und dieses Mal kam mir das Lächeln echt vor.

„Meine Mutter hat mir vorgeschlagen, nach Italien zurückzukehren.“

„Hast du darüber nachgedacht?“

Sie schüttelte den Kopf.

„Nein. Mein Leben ist hier. Aber ich sorge dafür, dass Silas zweisprachig aufwächst, ich will nicht, dass er groß wird, ohne die Sprache seiner Großeltern zu verstehen. Es gibt Gründe, warum ich Italien verlassen habe und die haben sich nicht geändert. Und was soll ich dort? Ich kenne die Leute von früher nicht mehr und ich habe dort keine Zukunft.“

Ein Fahrradfahrer fuhr dicht an uns vorbei. Adriana rief ihm verärgert etwas hinterher.

„Hast du auch versucht, Dinge über mich herauszufinden?“, fragte sie mich unvermittelt.

Ich schüttelte den Kopf.

„Ich bin wirklich nur wegen Matthias hier, Adriana. Ich kann mir vorstellen, dass du ein paar sehr hässliche Erfahrungen mit Angehörigen gemacht hast, aber …“

„Nein“, sie schüttelte den Kopf, „So meinte ich das nicht. Ich bin in solchen Situationen nur froh, dass man außerhalb Italiens meinen Namen nicht kennt.“

„Wieso?“, ich lachte, „Hast du dort etwas ausgefressen?“

„So ähnlich“, murmelte sie.

Als ich fragend die Augenbrauen hob, lachte sie.

„Nein, nichts Kriminelles. Ich habe als Jugendliche in einer sehr schlechten Fernsehserie mitgespielt und war deswegen im ganzen Land für ein paar Jahre als Teenie-Star bekannt."

Ich starrte sie einen Moment lang an. Sofort versuchte ich, die zierliche Frau, die neben mir den Kinderwagen schob, mit dem Bild eines ehemaligen Stars zu vereinbaren und scheiterte dabei an ihrem ausgeleiertem Pullover, ihrem kaum geschminkten Gesicht und ihrem scheuen Lächeln.

„Das ist ein Witz, oder?"

„Ich wünschte, es wäre so", bemerkte sie trocken, „Na los, sieh nach, dann findest du es."

Ich blickte sie unsicher an und griff nach meinem Handy, tippte ihren Namen in das Suchfenster ein. Sie machte eine ungeduldige Handbewegung.

„Na los, ist schon in Ordnung, heutzutage gibt es ohnehin keine Geheimnisse mehr."

Ich warf wieder einen Blick auf das Display. Ein Video erschien unter den Suchergebnissen, das ich sofort anklickte. Im Park erklang eine schnulzige Melodie, woraufhin Adriana das Gesicht verzog. Ich versuchte, mein Lächeln zu unterdrücken, aber sie bemerkte es.

„Ich weiß, ich weiß", sie presste die Lippen aufeinander, „Sprichst du Italienisch?"

„Nur ein bisschen."

„Oh, Glück gehabt", sie lachte.

„Hat es dir damals gefallen, in dieser Serie mitzuspielen?", fragte ich, als ich zusah, wie eine viel jüngere Adriana die Szenerie betrat. Die Lippen der virtuellen Adriana waren in grellem Pink geschminkt und sie trug hautenge Shorts, die kaum eine Bewegung zugelassen haben konnten.

Sie schüttelte den Kopf.

„Nein, ich dachte immer, das wäre der Anfang, durch den ich mich quälen müsse, bevor etwas Besseres käme. Aber so war es nicht."

„Wieso?", ich lachte, „Was ist passiert? Ein Skandal?"

„Nein, viel schlimmer. Wenn es um Drogen oder Sex gegangen wäre, hätte man sich wenigstens an mich erinnert. Die Serie wurde abgesetzt und ich geriet in Vergessenheit. Ich bin noch ein paarmal zu Castings gegangen, aber niemand hat mich ernst genommen."

Ein junger Mann mit auffälliger Gelfrisur betrat die Szenerie.

„Mach das aus, davon kriege ich Kopfschmerzen", sie verdrehte die Augen.

„So viel zu den Dingen, die man bereut", ich packte das Handy wieder weg.

„Gibt es denn nichts, was du bereust?", fragte sie mich.

„Natürlich gibt es Dinge, die ich bereue, das geht jedem so. Einer dieser Gründe hat mich hergeführt."

„Was bereust du am meisten?"

„Es ist kein Bereuen, eher ein Bedauern, weißt du. Ich mache absolut nichts Interessantes aus meinem Leben. Ich will mich nicht beklagen, es geht mir ja gut und ich muss mir um nichts Sorgen machen, aber ich wollte so eigentlich nie sein."

„Wie wärst du gerne?"

„Ich würde einmal im Leben gerne etwas tun, was man nicht von mir erwartet. Etwas Anderes, etwas Aufregendes."

„Bist du nicht ein bisschen jung für eine Midlifecrisis?"

„Ach hör auf. Ich bin nur nicht sehr mutig." Ich lachte.

„So hörst du dich aber an. Was würdest du denn tun, wenn du dich dazu überwinden könntest?"

„Einmal mit der Transsibirischen Eisenbahn fahren, im Nirgendwo aussteigen ... Ich weiß es nicht."

„Das ist der Traum? Eine nie Enden wollende Zugfahrt?"

„Ich habe Flugangst. Aber ja, das wäre es."

Ein kühler Wind zog durch den Park. Adriana schob die Decke um den kleinen Silas höher, obwohl er dagegen protestierte. Sie schloss genießerisch die Augen, als die Sonne durch die Bäume fiel und auf unsere Gesichter schien.

Ich hätte mich nach dem Spaziergang verabschieden können. Doch Adriana schien es nicht zu wundern, als ich anbot, etwas zum Abendessen zu kochen. Ich ließ sie mit Silas alleine und kaufte in dem Supermarkt um die Ecke etwas ein. Als ich in die Wohnung zurückkehrte, fand ich sie im Wohnzimmer auf einer Decke sitzend, wie sie mit dem Kind spielte. Die Selbstverständlichkeit, mit der die beiden auf mich warteten, als ich die Tür hinter mir zuzog, irritierte und freute mich zugleich. Ich konnte ihre Stimmen hören, als ich in der Küche die Sachen auspackte und das Essen vorbereitete, versuchte ein paar Worte zu verstehen und stellte dabei fest, dass meine Italienischkenntnisse ziemlich eingerostet waren. Sie bedankte sich, als sie sich mit Silas an den Tisch mir gegenübersetzte. Den Salat aß sie mit großem Appetit, doch meine Spaghettisoße beurteilte sie ziemlich ungnädig.

„Wo hast du denn kochen gelernt?", sie lachte und fütterte den Kleinen vorsichtig mit Brei aus dem Gläschen, „Da werde ich ja neidisch auf Silas Essen."

„Ich bin ein Autodidakt."

„Das solltest du vielleicht überdenken", sie stach ihre Gabel in die klumpige Soße und ließ dabei ihren Sohn nicht aus den Augen, der sich im Kinderstuhl wand.

„Du bist wirklich eine sehr gütige Kritikerin."

Ich dachte daran, dass mein Zugticket für diesen Abend verfallen würde, doch ich entschloss mich, es nicht zu erwähnen. Es kam mir unbedeutend vor. Adriana wunderte sich nicht darüber. Sie fragte mich auch nicht, ob ich bleiben wolle, sondern legte nach dem Abendessen zwei Decken auf das Sofa im Wohnzimmer.

„Silas muss ins Bett", verkündete sie schließlich. Sie hob den Jungen auf den Arm und verließ den Raum. Ich folge ihr im Abstand von ein paar Schritten. Die Augen des Kindes waren fest auf mich gerichtet und schienen mich zu mustern. Ich zuckte zusammen, denn das war das erste Mal, dass er mich an Matthias erinnerte.

Ich blieb im Türrahmen stehen, als sie ihn aufs Bett legte und etwas auf Italienisch murmelte, das ich nicht verstand. Sie drehte sich zu mir um und ich trat hastig beiseite, denn ich wollte die beiden nicht stören. Ich ging zurück ins Wohnzimmer und nahm auf dem Sofa Platz. Es war alt und hatte Dellen, perfekte Kuhlen, von den Menschen geformt, die es benutzt hatten. Ich streckte die Füße aus und ließ meinen Blick durch den Raum schweifen, während ich auf Adriana wartete. Mir fiel auf, dass ihre Wohnung auf eigenartige Weise unpersönlich wirkte. Sie hatte an den Wänden keine Fotos oder Bilder aufgehängt und man konnte sehen, dass sie es mit Ordnung und Sauberkeit ziemlich genau nahm. Ansonsten sah die Wohnung aus wie aus einem Einrichtungskatalog: Alles war in den Farben schwarz, weiß und grau gehalten und ich konnte keine Formen ausmachen, die sich widersprachen. Der Gesamteindruck wirkte absolut stilsicher, wenn auch für meinen Geschmack etwas steril.

„Ich weiß, ich weiß", sagte sie, als sie nach einer Weile ins Zimmer zurückkam und ich sie darauf ansprach, „Ich habe einen regelrechten Ordnungszwang. Ich kann nichts herumliegen lassen, ohne Schuldgefühle zu haben. Ich wurde sehr streng erzogen."

Sie ließ sich auf einen Sessel fallen.

„Sprichst du nur Italienisch mit ihm?"

„Solange wir nur zuhause sind, ja."

Adriana faltete die Hände über ihrer Bauchdecke.

„Warum kündigst du nicht den Job, den du machst?"

Ich seufzte.

„Ich hätte das nicht erwähnen sollen."

„Nein, vermutlich nicht, denn jetzt kann ich dich damit ärgern", sie lachte.

„Ich bin ein Feigling", gab ich zu, „Bist du jetzt zufrieden?"

„Feiglinge haben aber nicht solche Träume, oder?"

„Ich dachte immer, der Unterschied zwischen einem Feigling und einem mutigen Menschen wäre, dass der mutige Mensch seine Wünsche wahr macht und der Feigling es beim Träumen belässt."

„Ist das so?", sie lehnte ihren Kopf gegen die Sessellehne, „Gott, bin ich müde."

„Möchtest du schlafen gehen?"

Sie winkte ab. „Das ist normal. Sagen wir es mal so, ich habe mich daran gewöhnt. Ein, zwei Stunden mehr Schlaf helfen da auch nicht mehr."

Sie griff nach der Decke, auf der sie zuvor mit Silas gespielt hatte, und zog sie sich über die Beine. Wir sprachen nur wenig im Verlauf des Abends. Das Licht der Lampe fiel auf ihr Gesicht, beleuchtete ihre Augenringe, ihre dünne Haut.

„Es tut mir leid, dass ich dich einen Trauertouristen genannt habe“, sagte sie.

„Ist doch in Ordnung, wirklich.“

„Nein, ist es nicht. Entschuldige, ich gehe manchmal einfach zu weit, wenn ich aufgebracht bin.“

„Ich denke, du bist noch ziemlich harmlos.“

„Denkst du?“, sie grinste schwach.

„Aber sicher.“

„Nein, im Ernst“, sie atmete angestrengt aus, „Ich verstehe das alles nicht so ganz. Welche Rolle spielte Matthias für dich?“

„Er war ein guter Freund. Aber er war auch einfach ein hilfsbereiter Mensch, der einem das Gefühl vermittelt hat, dass alles wieder gut werden kann. Das hat einem Pessimisten wie mir immer gut getan. Denkst du, du bist eher eine Optimistin oder eine Pessimistin?“

„Wenn ich eine Pessimistin wäre, wäre ich vermutlich nicht überlebensfähig mit all dem hier“, sie wies mit der Hand auf ihre Umgebung, „Ich kämpfe jeden Tag aufs Neue um meinen Optimismus.“

„Das kann ich nachvollziehen. Ich habe ein bisschen Rotwein gekauft, willst du auch welchen?“

„Ich mag keinen Wein. Du wirst es nicht glauben, aber wenn ich überhaupt trinke, bin ich eher ein Biertrinker. So viel zu den Italienklischees.“

Ich lachte, erhob mich, ging in die Küche und suchte in ihren Küchenschränken nach Weingläsern.

„Ich habe ehrlich gesagt gar keine“, gestand sie.

„Na gut, dann eben so“, ich öffnete die Flasche und goss Rotwein in eine Tasse. Sie stand auf und lehnte sich gegen die Türöffnung in der Küche.

„Machst du mir einen Tee?“, bat sie mich und rieb sich die Augen. Ich lächelte und nickte.

Sie fischte einen Teebeutel aus einem kleinen Holzkästchen im Küchenregal und reichte ihn mir. Ich setzte heißes Wasser auf und holte noch eine Tasse aus dem Schränkchen.

„Na komm, setz dich wieder hin, du bist doch völlig erschöpft“, forderte ich sie auf und sie gehorchte widerwillig. Adriana ließ sich wieder auf ihren Sessel fallen. Ich goss das heiße Wasser über den Beutel, ging ins Wohnzimmer und reichte ihr den Tee.

„Darf ich dich etwas fragen?“, ich stellte meine mit Wein gefüllte Tasse ab.

„Aber klar.“

„Welche Rolle spielte Matthias für dich?“

Sie legte den Kopf schief.

„Muss ich dir das jetzt wirklich genauer erläutern?“, fragte sie mich langsam.

„So meinte ich das nicht. Aber warum er?“

Sie tunkte gedankenlos den Teebeutel ins heiße Wasser.

„Ich weiß es nicht genau“, erwiderte sie schließlich, „Ich könnte jetzt anfangen, nach verschiedenen Gründen zu suchen, aber das ergibt für mich keinen Sinn. Wir waren einfach glücklich, weißt du. Das ist alles.“

Ich nickte.

„Warum ist sein Tod für dich so schwer greifbar?“, fragte sie mich schließlich.

Ich seufzte.

„Er ist einfach so verschwunden, ohne dass ich etwas geahnt habe. Ich finde das einfach beunruhigend.“

„Ist dir das schon einmal passiert?“

„So ähnlich war es mit meinem Vater. Ich habe nichts geahnt und eines Tages – da war ich erst sieben Jahre alt – ist er einfach so verschwunden, ohne sich jemals wieder bei meiner Mutter und mir zu melden. Ich meine, er ist nicht verstorben, aber falls er irgendwann sterben sollte, würde ich es nicht mitbekommen.“

„Das tut mir leid, Dominik.“

Ich erinnerte mich an ihren Ausspruch: ‚Als ob das helfen würde. Als ob irgendetwas helfen würde.‘ Doch es half mir wirklich, auch wenn es nur ein kleiner Satz war, den man in solchen Situationen immer ausspricht.

„Wie war er so?"

Ich überlegte und versuchte, die Erinnerungen zusammenzutragen, die ich noch von meinem Vater hatte.

„Wenn ich nicht die Fotos von ihm hätte, würde ich sogar vergessen, wie er aussieht", gab ich zu.

„Aber wie war er als Mensch?"

Ich überlegte.

„Zurückhaltend", antwortete ich nach einer Weile, „Er redete nicht viel, lachte nicht viel. Ich habe nie verstanden, was er dachte, was er von Dingen hielt. Vielleicht lag es daran, dass ich ein Kind war, aber ich hatte nie den Eindruck, wirklich eine Verbindung zu ihm zu haben. Oder vielleicht sehe ich es im Nachhinein so, weil er gegangen ist."

„Männer, die ihre Familie aus freiem Willen verlassen", sie schüttelte den Kopf, „Die würden da, wo ich herkomme, als Todsünder gelten."

„In Italien?", ich runzelte die Stirn, „Unverantwortliche Leute gibt es doch überall."

„Nein, ich meine eher meine Verwandtschaft. Die verstehen generell nicht viel Spaß, aber vor allem nicht, wenn es um so etwas geht."

Sie rieb sich die Augen und begann von ihnen zu erzählen: von Familienbanden, von verrückten Verwandten, von Moralvorstellungen, die länger lebten als kurzfristiger gesellschaftlicher Wandel. Ich hörte ihr zu und sah, wie sie immer müder wurde.

Adriana schlief mitten im Reden ein, ohne ihren Satz zu beenden. Der Kopf sackte einfach auf ihre Brust, sie murmelte einige unverständliche Worte. Ich rüttelte sie leicht an der Schulter, sie schreckte auf, flüsterte: „Nacht", und huschte in ihr Schlafzimmer. Ich streckte mich auf dem Sofa aus und starrte an die Decke. Ich versuchte, mir Matthias in dieser Wohnung, in diesem Stadtviertel vorzustellen: wie er so, wie ich ein paar Stunden zuvor, in den Supermarkt um die Ecke ging, um fürs Abendessen einzukaufen, wie er für Adriana kochte, während sie mit Schwangerschaftsbauch und geschwollenen Füßen auf dem Sofa lag. Ich stellte mir die beiden vor, wie sie auf der Parkbank saßen, an der wir heute haltgemacht hatten. Es fiel mir nicht schwer, die Szenen in meinem Kopf zu erzeugen. Doch sie blieben leblose Standbilder, die mir Matthias nicht näher brachten.

Einen Trauertouristen hatte Adriana mich im Affekt genannt. Ich hatte ihr gesagt, ich verdiene diese Bezeichnung und es solle ihr nicht leidtun. Tatsächlich konnte sie mich mit diesem Wort nicht beleidigen, denn ich fühlte mich oft wie ein Tourist im Leben der anderen. Die Berührungspunkte waren flüchtig und vergänglich, letztendlich fühlte ich mich immer so, als sei ich auf dem Weg in eine andere Beziehung, eine andere Freundschaft, mich von dem fortbewegend, was ich bereits kannte. Und so sehr meine Gedanken umherzogen, verharrte meine physische Existenz an den gleichen Orten. Ich verließ Berlin selten, außer um meine Familie oder ab und an ein paar Freunde zu besuchen.

Doch war ich dann einmal unterwegs, fühlte ich mich nicht wie ein rastloser Reisender, sondern eher wie ein Einsiedler, friedlich und in mich gekehrt.

Ich war in dem Glauben zu Adriana gefahren, durch sie Matthias Tod begreifen zu können, doch ich irrte mich. Als ich mich am nächsten Tag verabschiedete und wieder in den Zug nach Berlin stieg, wurde mir klar, dass ich nach unserer Begegnung die Lebenden besser verstehen konnte. Zumindest dachte ich das, denn was ist schon sicher in dieser Welt?

Ich habe Matthias Grab nicht besucht. Ich denke nicht, dass ich mich ihm dadurch hätte näher fühlen können. Ich gedenke ihm durch Erinnerungen, durch die Vorstellung, wie er jetzt vielleicht wäre, wenn er noch lebte. Adriana hat mir ein Foto von seinem Grab gezeigt: ein kantiger grauer Stein auf einem kleinen Rasenstück, bepflanzt mit Stiefmütterchen. Auf dem Grabstein steht sein Name, dennoch wirkt nichts an diesem Anblick vertraut. So sehr ich es auch versuche, kann ich es in meinem Kopf nicht mit ihm assoziieren. Ich telefoniere regelmäßig mit Adriana. Sie hat mir versprochen, ab und zu das Viertel zu verlassen, in dem sie lebt. Es sei schwer, behauptete sie, aber ihre Angst schwinde mit jedem Mal und ich freute mich darüber.

„Hast du deine Doktorarbeit abgegeben?", fragte sie mich bei unserem letzten Telefonat.

„Ich habe es schon viel zu lange herausgezögert", gab ich zu, „Wenn ich fertig bin, kann ich mir einen richtigen Job suchen. Der Gedanke überfordert mich."

„Sei mutig", sagte sie nur und legte auf.

Es ist Mittwoch, ein Nachmittag im Oktober. Ich spaziere durch den Park, die Hände in den Manteltaschen vergraben. Es ist fünfzehn Uhr. Ich stelle mir vor, wie ein paar hundert Kilometer in Richtung Süden eine Frau in meinem Alter einen Kinderwagen vor sich durch den Park schiebt. Die Blätter in diesem Park werden gelb, aber sie fallen noch nicht zu Boden, wie sie es hier schon tun. Ich habe vor Augen, wie sie sich auf die Bank setzt und ihr Kind betrachtet, während der Wind durch ihr Haar streicht. Meine Füße rascheln durch das Laub. Ich erinnere mich daran, wie ich als Kind immer das Laub zu großen Haufen auftürmte und mich schließlich in die Blättermassen fallen ließ.

Schade, dass man nie mehr Kind sein kann, denke ich, während ich mit dem Fuß Laub über den Boden schiebe. Das heißt allerdings nicht, dass man keines mehr sein darf. Ich helfe mit den Händen nach, bis das Laub mir bis zu den Knien reicht. Ich greife mit beiden Händen ins Laub und werfe es nach oben. Lachend sehe ich dabei zu, wie es konfettiähnlich durch die trockene Herbstluft wirbelt, bevor es sich sanft auf die kühle Erde niederlegt. Ich trete in den Laubhaufen, genieße erneut den Anblick der wirbelnden Blätter, bevor ich mich auf die Bank fallen lasse und Adrianas Nummer wähle.

„Rat mal, was ich gerade gemacht habe", sage ich, ohne sie vorher begrüßt zu haben.

„Hast du die Arbeit abgeben?"

„Ja. Zeit für ein neues Kapitel."

„Dann kannst du ja deinen Job kündigen."
„Habe ich vor."
„Gehst du dann auf deine Reise?"
Ich lächle.
„Mach' ich vielleicht. Wie sieht es mit dir aus? Wie weit traust du dich inzwischen fort?"
Ich weiß, dass sie am anderen Ende lächelt.
„Jeden Tag ein Stück weiter", antwortet sie.

24

Glühwein. Gebäck. Knoblauch. Schweiß. Rauch. Zigaretten. Kotze. Eine Fahne aus Schnaps. Ein lachendes Kind. Eine alte Frau, die ihm den Weg versperrte. Wieder eine Pfütze aus Pisse und Bier. Ein schief singender Engel. Ein Grüppchen junger Leute, sie lachten sehr laut, viel zu laut, regelrecht nervtötend. Er verstand nicht warum. Nur weil sie betrunken waren, musste noch lange nicht alles lustig sein. Sie standen weiterhin im Weg herum wie eine plumpe, träge, lallende Masse.

„Entschuldigung ... Entschuldigen Sie bitte, könnten Sie mich vorbeilassen, ich muss nachhause ... Dankeschön ... Könnten Sie bitte Platz machen?"

Er fühlte sich wie eine Gebetsmühle, die unaufhörlich das Gleiche verkündete. Es wäre lustig gewesen, wenn ihm nicht so übel gewesen wäre. Als eine Gruppe Halbstarker anfing, herumzugrölen, löste sein Ellenbogen die Gebetsmühle ab und er stand endlich an der Haltestelle.

Er sehnte sich nach Luft, einfach nur nach reiner Luft und etwas Stille, doch alles, was er einatmete, war der fettige Geruch nach Crêpes und alles, was er hörte, war eine Unterhaltung zweier Mädchen neben sich.

Er hat nicht angerufen, wieso meldet er sich nicht?

Weil du unerträglich bist und weil jeder Mensch vor Weihnachten sentimentale Dummheiten vermeiden sollte. Sei einfach still, erlöse mich von deiner Dummheit. Ich will das nicht hören. Ich will nichts hören.

Er drückte seine Stirn gegen die Fensterscheibe, kaum, dass er in der Bahn saß. Schweiß. Ein schreiendes Baby. Ein Student, der zitternd vor seinem Buch saß und unaussprechliche Fachwörter murmelte.

Du Idiot, behalte deine Hausarbeit für dich, das muss niemand wissen. Was interessiert mich das, ob du etwas über Schulpädagogik schreibst. Es interessiert mich einfach nicht. Verschone mich, was soll das?

Blicke, als Antwort nur ein Schulterzucken.

Regt euch nur auf. Ihr seid lächerlich, jeder von euch. Seid einfach still, erlöst mich.

Er schloss die Augen, aber das Licht war zu grell, das Piepen der Handys zu laut.

Schaltet doch einfach diese nervigen Geräte aus, ihr Idioten, wahrscheinlich fahrt ihr nicht einmal zehn Minuten lang mit dieser Bahn. Könnt ihr es nicht aushalten, einmal nichts zu tun, wieso reichen euch schon zwei Minuten, bis ihr wieder beginnen müsst mit eurer zwanghaften Ablenkung? Es ist wie eine Sucht, das ist widerlich, ihr seid widerlich, ihr seid schlimmer als Junkies, kaputt wie Menschen in der Psychiatrie, wobei, die haben meistens einen Grund kaputt zu sein oder sind einfach krank, ihr seid nur gelangweilte Idioten, die tonnenweise kitschige Geschenke kaufen. Warum macht ihr das, es ist eine Verschwendung von Geld und Zeit.

Inzwischen war aus ein paar feindseligen Blicken eine Masse der Feindseligkeit geworden. Die Mutter gegenüber zog ihr Kind an der Hand in den anderen Waggon, das Mädchen neben ihm sah zwanghaft aus dem Fenster.

Ja schaut weg, ihr Idioten, ihr könnt wohl meine Nähe nicht ertragen.

„Fahrkarte bitte."

„Wenn es sein muss. Darf ich jetzt aussteigen?"

Endlich Luft, endlich ein bisschen Stille, dafür beißende Kälte.

Es war zwei Jahre her, dass er in diesen riesigen, grauen Wohnblock gezogen war. In den ersten Wochen hatte er sich ein paarmal verlaufen, war durch enge Flure geirrt, vorbei an dem illegalen Friseursalon und an der indischen Großfamilie, durch das kühle Treppenhaus, einige Runden parallel zur Fensterfront, die auf den schattigen Innenhof ausgerichtet war.

An diesem kalten Dezemberabend lag das Gebäude vor ihm wie ein gestrandetes Schlachtschiff: viel zu groß für diesen kleinen

Stadtteil, es schien alle Häuser neben sich zu erschlagen. Die Fassade war schon seit Jahren nicht mehr renoviert worden und der Regen hatte ein seltsames grau-grünliches Muster in den Putz gegraben. Es wunderte ihn nicht, dass niemand Anstalten machte, die Fassade zu renovieren, und dass die Flure so selten geputzt wurden.

Der Hausmeister war meistens betrunken und die Bewohner hatten vielleicht vor ein paar Jahren noch den Kampf gegen die Hässlichkeit geführt: Manche hatten ein paar Blumen auf die winzigen Balkone gestellt oder hatten ihre Kinder im Hof spielen lassen. Doch irgendwann hatte jemand auf dem Rasen ein Schild aufgestellt: ‚Betreten verboten'. Die Liegestühle im Innenhof waren verschwunden und er hatte immer weniger von den anderen Hausbewohnern gesehen.

Es war so, als würden sie sich in ihre eigenen, kalten, vier Wände zurückziehen und diesen Kampf, den sie alle viel zu blauäugig geführt hatten, aufgeben. Der Fahrstuhl war schon seit Wochen außer Betrieb, also stieg er langsam die Treppen hoch. Er war froh darüber, das Rauchen aufgegeben zu haben. Den Husten vermisste er sicher nicht, aber seitdem er seinen Tabak weggeworfen hatte, fand er den Geruch im Treppenhaus umso abstoßender.

Im fünften Stock lag seine Einzimmerwohnung. Sie kostete nicht viel, er musste sich nicht anstrengen, um sie sauber zu halten, und er konnte zu Fuß zur Werkstatt laufen. Vielleicht war es das, was er an seinem Zimmer am meisten mochte. Er war auch froh, niemanden von seinen Nachbarn zu kennen, niemand störte ihn hier, außer gelegentlich der Postbote. Das Fenster zeigte nicht zum Innenhof, sondern in Richtung des kleinen Wäldchens. Er schenkte sich ein Glas Wasser ein und sah hinaus. Er mochte es, ein paar Bäume zu sehen, es hatte etwas Beruhigendes. Eigentlich mochte er Städte nicht sonderlich. Was ihm wirklich gefiel, konnte er nicht sagen. Dörfer waren auch nicht nach seinem Geschmack, sie waren viel zu klein, viel zu überschaubar, um sich in die Anonymität zurückziehen zu können.

Eine Gruppe Kinder tauchte am Rand der Straße auf, sie

steuerten auf den Block zu. Er drehte sich weg. Ihr Anblick deprimierte ihn. Dann räumte er die Einkäufe aus der Tüte in den Kühlschrank und prüfte dessen Inhalt. In einem der geöffneten Fruchtjoghurts hatte sich Schimmel gebildet. Angewidert warf er ihn weg.

Dann richtete er sich auf und sah sich um. Sein Zimmer sah aus wie üblich. Das Bett war gemacht, auf dem kleinen Regal darüber standen nur ein paar ordentlich aufgereihte Bücher: ein Handbuch für Automobiltechnik, das Jahrbuch seiner Abschlussklasse und die ‚Herr der Ringe'-Trilogie. In der Ecke befand sich ein kleines Bad, gerade genug Platz, um sich nach dem Duschen um 180 Grad drehen zu können, in den Spiegel zu sehen und durch die kleine Tür zu treten, um sich im Zimmer abzutrocknen. Er hasste es, dass es im Bad kein Fenster gab. Wenn er duschte, wanderte der Wasserdampf in sein Zimmer und hinterließ diesen feuchten, muffigen Geruch, den er so verabscheute. Vielleicht duschte er deshalb meistens nur mit lauwarmem Wasser und das möglichst schnell. Die Küchenzeile lag direkt gegenüber von seinem Bett. Als er einen Blick darauf warf, sah er, dass er vergessen hatte, seinen Kaffeebecher in den Schrank zu räumen und ärgerte sich.

Er hasste es, wenn sein Zimmer nicht aussah wie sonst. Manche Menschen brauchten Platz in ihrer Wohnung, eine bestimmte Sorte von Möbeln oder ‚Gemütlichkeit'. Was er brauchte, war Ruhe und einen Ort, den er immer im gleichen Zustand vorfand. Er erinnerte sich, wie früher viele seiner Sachen auf seltsame Art verschwunden waren, wenn er zur Schule gegangen war. Die Antwort auf seine Nachfragen: „Du wirst doch wohl wissen, wo du sie hingetan hast."

Nun wusste er es und das auch ganz genau, niemand könnte von ihm behaupten, er würde nicht auf seine Habseligkeiten achtgeben. Bevor er hierher gezogen war, hatte er in einem WG-Zimmer gelebt, weil er nichts anderes gefunden hatte. Jeden Tag und jede Nacht hatte er sein Zimmer abgeschlossen, das Bad immer zu anderen Zeiten als die Mitbewohner benutzt und in einem kleinen Regal neben seinem Bett haltbares Essen und Kosmetikartikel gelagert. Trotz der Aufforderungen der anderen, den Kühlschrank und die Küche mitzubenutzen und Handtücher im Badezimmer unterzubringen, hatte er nichts von seinen Sachen außerhalb seines Zimmers gelassen.

Oft hatten sie ihn gefragt, warum er sein Zimmer abschloss. Die Antwort war er ihnen schuldig geblieben, sodass sie alle ziemlich froh über seinen Auszug gewesen waren. Er wusste, dass es so war, es konnte nicht anders sein. Doch bestimmt ahnte niemand von ihnen, wie erleichtert er gewesen war, niemandem mehr auf dem Flur begegnen zu müssen, wenn er duschen ging oder von niemandem angesprochen zu werden, wenn er von der Arbeit nach Hause kam.

Er griff nach der Fernbedienung und schaltete den alten Fernseher ein. Meistens sah er sich nur Action- oder Fantasy-Filme an. Serien mied er grundsätzlich, er hatte Angst von ihnen abhängig zu werden. Er zappte durch die Kanäle, sah sich für eine Viertelstunde die Nachrichten an, schaltete aber um, als der Bericht über das Wetter begann. Ein Interview mit einer Schriftstellerin. Er las kaum. Eine Reportage über einen Tsunami. Er hatte schon davon gehört. Ein Werbespot über Schokolade. Er machte sich nichts aus Süßigkeiten. Eine Modelshow. Er legte kurz den Kopf schief und betrachtete das Meer aus dürren Beinen, dann schaltete er den Fernseher aus.

Auf dem Regal lag ein Ball. Er nahm diesen in die Hand, schaute ihn an, als hätte er ihn noch nie gesehen und ließ ihn auf den Boden fallen. Er sah dabei zu, wie er wieder in die Höhe sprang, hinunterfiel, wieder nach oben geworfen wurde, nur noch ein wenig wackelte, bis er in die Ecke des Zimmers rollte und dort liegen blieb.

Ein paar Sekunden lang rührte er sich nicht. Schließlich ließ er sich auf seine Bettkante sinken und stützte den Kopf in seine Hände. Dann hob er seinen Rucksack auf, schulterte ihn, verließ seine Wohnung, wanderte durch die unzähligen Flure und das Treppenhaus, bis er wieder in der Kälte stand.

Er wollte nicht erneut die Straßenbahn nehmen, also lief er, am Anfang noch langsam, dann immer schneller, bis er nach einer Stunde das Ortsschild erreichte.

Er erinnerte sich an ihr Haus, das am anderen Ende des Dorfes stand. Wahrscheinlich feierten sie zu zweit und sie hatte versucht, ein traditionelles Essen zu kochen, obwohl sie normalerweise nicht einmal ein Nudelgericht oder einen Salat zustande brachte. Er war seit damals nicht mehr in ihrem Haus gewesen, nicht einmal vorbeigelaufen war er, obwohl sie immer noch in der gleichen Stadt wohnte. Sie hatten nicht telefoniert, sich keine Karten geschrieben, dabei wusste sie, wo er wohnte, weil er sie vor Jahren gebeten hatte, ihm ein paar Dinge per Post zu schicken, die noch in seinem alten Zimmer gelegen hatten.

Er hasste den vierundzwanzigsten Dezember. Er dachte nicht daran, ihr an diesem Tag eine Karte zu schreiben oder sie anzurufen. In all den Jahren hatte er das nie getan. Nur war es immer so, als erinnere er sich an diesem Abend daran, dass sie ein Telefon hatte, auf dem man anrufen konnte und dass sie immer noch seine Adresse kannte.

Er sah seine Post meistens erst im neuen Jahr durch. Jedes Jahr ein Moment der Anspannung, dann Erleichterung, wenn er doch wieder nur Werbung erhielt. Er schlug nicht den Weg zu ihrem Haus ein, er zog es nicht einmal in Erwägung. Stattdessen stapfte er durch den immer höher liegenden Schnee, die Kapuze seiner Jacke ins Gesicht gezogen und musterte die Straße, die früher sein Schulweg gewesen war, die Kirche, in der er getauft wurde, den Supermarkt, in dem er ein paarmal geklaut hatte, als er älter wurde.

Seltsamerweise hatte er nie die Dinge gestohlen, die er wirklich wollte. Seine Beute hatte er selbst nie benutzt oder verschenkt, sondern sie an seinem Lieblingsort versteckt, sorgsam aufgereiht wie Trophäen. Als sie schließlich dahinter kamen, versenkte er alles in dem kleinen See nicht weit vom benachbarten Dorf entfernt. Und ganz gleich wie sehr sie ihn bearbeiteten, er schwieg beharrlich über ihren Verbleib.

Das Ortsende hatte er schon beinahe erreicht. Er hatte vergessen, wie klein das Dorf eigentlich war. Das gelbe Haus tauchte vor ihm auf. Es hatte sich nicht verändert: der Wegweiser zu seinem früheren Lieblingsort. Er suchte den Feldweg, der hinter dem Garten lag: Der Schnee bedeckte ihn, doch seine Füße waren schneller als seine Augen und trugen ihn in die richtige Richtung. Er drehte sich nicht um, bis er den Rand des Wäldchens erreichte. Von weitem sah das Dorf besonders klein aus. Er biss die Zähne zusammen, als der Schatten und die Kälte des Waldes ihn umfingen. Einzig der Schnee leuchtete in der Dunkelheit, das leise Knirschen unter seinen Füßen war das Einzige, was er hörte, bis er im Unterholz ein Rascheln vernahm. Langsam drehte er sich um. Vor ihm stand ein Reh, absolut regungslos, während der kalte Wind sein Fell zerzauste. Es war ein schönes Tier. Vermutlich war es noch jung, sein Fell glänzte und die Schnauze sowie die riesigen dunklen Augen wirkten feucht. Er hatte schon immer die Fähigkeit mancher Tiere bewundert, nicht zu blinzeln. Er versuchte den Blick des Rehs einzufangen, ohne die Augen zu schließen. Ein paar Sekunden verharrten sie beide so, Mensch und Tier, vertieft in die Betrachtung des anderen. Dann plötzlich zuckte das Reh zusammen, wandte seinen schönen Körper von ihm ab und verschwand wieder im Dickicht. Er bedauerte sein Verschwinden, ohne den Grund dafür zu kennen.

Den Weg konnte er kaum erkennen. Aber er begann, an der eisigen Ruhe Gefallen zu finden: Keine menschlichen Stimmen, lauten Geräusche und blinkenden Lichter konnten ihn hier reizen. Bald waren das Einzige, worauf er sich fokussierte, sein Atem und seine Schritte. Er brauchte länger als früher, um den Weg zu dem kleinen Garten zu finden. Vielleicht lag es am Schnee und der Dunkelheit, vielleicht war er nicht mehr so schnell zu Fuß wie damals.

Das Grundstück grenzte an das Wäldchen und lag neben einem größeren Feld, das nicht bewirtschaftet wurde. Es hatte einst einem der Bauern aus dem Dorf gehört. Doch seit seinem Tod kümmerte sich niemand mehr um sein Land. Wahrscheinlich wollten seine Kinder nichts von seinem Gewerbe wissen oder wohnten nicht mehr an diesem Ort. Vielleicht ließen sie sich aber auch abschrecken von den Umständen seines Todes. An einem der Bäume im Wald hatte er gehangen, sein Hals abgeschnürt und das Gesicht blau angelaufen.

Der Zaun aus verfaultem Holz war sehr niedrig, ein Schritt reichte und er stand auf der anderen Seite. Es war kein großes Grundstück, um den Wohnwagen herum hatten nur ein paar Bäume Platz gefunden. Früher hatten dort noch ein kleiner Tisch, ein Sonnenschirm und zwei Liegestühle gestanden. Nichts davon war noch zu sehen. Zuerst fragte er sich, ob sie doch ein paar Dinge verändert hatte, aber als er sich durch das Dickicht kämpfte, sah er die weißen Möbel unter den Pflanzen begraben wie friedliche Leichname. Vermutlich wäre es nicht schwer gewesen, sie wieder ans Tageslicht zu bringen. Einen Moment lang überlegte er, ob er versuchen sollte, das Gestrüpp beiseitezuschieben, ließ aber davon ab. Sie kam nur selten hierher, aber er befürchtete, dass sie wissen könnte, dass er hier gewesen war. Also lief er vorbei, bis er direkt vor dem Wohnwagen stand.

Der Wagen sah verwahrlost aus, wie ein verwildertes Haustier, das zu niemandem mehr gehörte. Eines der kleineren Fenster war geöffnet, die Tür war jedoch verriegelt. Er holte sein Messer heraus. Ein einfaches Vorhängeschloss war keine Herausforderung, sie würde sich wohl kaum darüber wundern. Aber wahrscheinlich war sie fast gar nicht mehr hier, vielleicht schaute sie alle paar Monate bei einem Spaziergang nach, ob er noch dastand, ein kurzer prüfender Blick, dann wieder Gleichgültigkeit. So, wie sie eben immer gewesen war.

Die Tür klemmte, doch ein kräftiger Fußtritt genügte. Sie gab ein quietschendes Geräusch von sich und stand halb offen. Drinnen war es stickig, er konnte den Geruch von feuchtem Laub wahrnehmen, aber da war noch etwas anderes: ein süßer, ekelerregender Geruch von Fäulnis. Seine Hände zitterten, als er die Taschenlampe anknipste. Er zuckte zusammen, als der Lichtkegel auf Blutflecken fiel, über weiße Federn wanderte und schließlich bei starren Augen verharrte. Die Taube lag unter dem Tisch, ihr Flügel war gebrochen. Die Iris sah aus wie trübes Glas, das Blut klebte ihr schwarz und klumpig am Gefieder. Ihm wurde noch kälter. Den Schal übers Kinn gezogen, machte er einen halben Schritt auf den toten Vogel zu, legte den Kopf schief und betrachtete ihn ruhig. Er verstand nicht, warum manche sich den Tod wie Frieden oder einen sanften Schlaf vorstellten. Dieser Körper hatte nichts Friedliches und schon gar nichts Sanftes an sich. Es sah brutal aus, wie das Tier dalag, so als sei es gerade erst gestorben, auch wenn der Geruch etwas anderes verriet.

Er fragte sich, wie die Taube in den Wagen gekommen war, das Fenster war fast zu klein, als dass sie hätte hindurchfliegen können. Er zündete die kleine Gaslaterne an, die ein paarmal flackerte, bis endlich der ganze Innenraum beleuchtet war. Ansonsten hatte sich nicht viel verändert. An den Wänden hingen immer noch die gleichen Fotos wie damals, der Campingkocher stand am selben Platz, die Matratze war immer noch ziemlich weich, wenn auch ein wenig klamm. Er ließ seinen Rucksack sinken. Das Tier wollte er nicht so liegen lassen, es sah aus wie ein weggeworfenes Spielzeug. Sein Blick schweifte über die Wände. Als er nicht fündig wurde, fing er an, die Schubladen der Schränke aufzureißen. Eine Schaufel fand er nicht, er musste sich mit einer Spitzhacke begnügen.

Die Tür und die Fenster riss er auf, damit der Geruch des Todes in die Nacht entweichen konnte. Jeder Muskel seines Körpers schien sich zu verkrampfen, als er wieder hinaus in die Kälte trat. Den toten Vogel hatte er in seinen Schal gewickelt. Er wäre sich seltsam dabei vorgekommen, ihn mit der Spitzhacke hinauszuschieben und anfassen wollte er ihn nicht.

Die Erde war gefroren. Er fluchte und spuckte auf den Boden. Das würde anstrengend werden, eigentlich sehnte er sich nur danach, ein paar Stunden zu schlafen. Dann warf er einen Blick auf das Bündel, das er ein paar Schritte neben sich abgelegt hatte.

Er hob die Spitzhacke so hoch, dass das eiserne Blatt seine Schulter berührte, und ließ sie auf die Erde schmettern. Der

Schlag war zu heftig, er stöhnte, als die Wucht des Aufpralls seine Arme erschütterte. Langsam ließ er den Griff los und schüttelte die Hände.

So schwach, so leicht von etwas abzuhalten.

Er starrte entsetzt auf seine Hände, dann sah er auf und ließ seinen Blick über das Gartenstück schweifen, so, als ob er ihre Schritte hören würde. Doch da war nur die schwarze Silhouette der Zeder, reglos wie eine Säule, fast ein Mahnmal.

Sein Atem gefror, er zitterte. „So erbärmlich", hörte er ihre Stimme erneut, „Du schaffst doch niemals das, was du willst. Weil du Angst hast."

Er fuhr herum, doch hinter ihm waren nur die dünne Wand des Wohnwagens und ein paar Disteln. Seine Finger schlossen sich wieder um den Holzgriff, packten zu.

„Was tust du da schon wieder?", fragte sie.

Die Spitzhacke schwang einen halben Meter in die Höhe.

Ich bin enttäuscht von dir. Du hast keine Ahnung, was ich in meinem Leben durchmachen musste.

Er hob sie über die Schultern, überdehnte seine Arme.

„Du bist wie dein Vater."

Einen Moment lang hielt er inne, dann ließ er seine Arme nach vorne schnellen, die eiserne Spitze raste auf die Erde zu, grub sich durch den Schnee in den gefrorenen Boden.

Sein Atem ging schwerer.

„Er hat mich auch verlassen, weil es ihm so einfiel. Aber ich halte es mit dir genauso wie mit ihm, hörst du? Wenn du irgendwann wiederkommst, eines Tages, egal, dann bist du nicht mehr mein Sohn, verstanden? Wenn du jetzt gehst, gehst du für immer."

Er hob erneut seine Arme.

Die Kälte brannte in seinen Augen.

„Dann geh doch, hau ab und ich hoffe, du findest, was du suchst. Aber ich denke nicht, dass du das schaffst. Du kannst doch nicht einmal wissen, was du willst."

Er rieb sich mit der Hand über das Gesicht.

Die Hacke war zu schwer, um sie mit einer Hand zu halten. Sein

Körper schwankte leicht, die Last war zu groß. Erst als seine linke Hand wieder den Griff umklammerte, stand er gerade. Einen Moment lang verharrte er so, die Arme weit über den Schultern, die Hände fest um den Griff gekrallt, so sehr, dass seine Knöchel hervortraten.

„Mach dir einmal keine Gedanken um mich, ich komme immer irgendwie klar, auch ohne dich. Glaubst du, ich brauche dich, um zu leben? Andreas wird ohnehin froh sein, wenn du nicht mehr hier bist."

Das verrostete Eisen blitzte im Licht der Laterne noch einmal kurz auf, dann ein dumpfer Schlag, sein Keuchen.

„Er hat dich nie leiden können, du warst schon immer schwierig. Ein anstrengendes Kind, aber ich habe es ausgehalten, damit du klarkommst. Weißt du, wie oft er mich gefragt hat, wie ich das eigentlich mache?"

Er hob die Hacke erneut, ein weiterer Schlag.

„‚Keine Ahnung', habe ich gesagt, ich hoffe, er ist irgendwann dann doch noch dankbar für das, was ich für ihn getan habe. Es war von Anfang an hart, erst lief dein Vater weg, dann warst du schwierig, wieso hast du ihn auch immer provoziert? Er wusste sich nicht anders zu helfen, das weißt du. Du hast zurückgeschlagen, also mach' kein Drama daraus."

Ein Schlag.

„Glaubst du, es wird anderswo das Paradies? Ich sage dir, es ist Dreckfressen, nichts weiter. Das Leben ist Dreckfressen. Nichts Anderes, hörst du?"

Die Hacke grub sich tiefer in die Erde, Schnee stob zur Seite.

„Dann geh doch. Aber komm nicht wieder. Verschone mich einfach. Hau ab."

Eine Wurzel versperrte den Weg. Er holte noch einmal aus.

„Ich hätte mich damals nicht bequatschen lassen sollen von deinem Vater."

Ein letzter Schlag, ein seltsamer Laut. Ein Atmen, nein eher ein Schreien.

Der Schlag ging zu tief, die Spitze blieb unter der Erde hängen.

Ein wenig zu lange umklammerte er noch den Griff, bis er endlich losließ. Seinen Körper schleuderte es einen halben Meter nach hinten, sein Rücken schlug auf gefrorenem Boden auf und die Äste des Baumes und das vorstehende Dach waren alles, was er noch sehen konnte.

Er wusste nicht, wie lange er dort gelegen hatte. Seinen Kopf konnte er nicht drehen und seine Arme lagen bleischwer neben seinem Körper. Er wollte sie anheben oder zumindest den kleinen Finger bewegen, doch nichts geschah, nicht einmal die kleinste Regung, das schwächste Zucken.

Hier würde es also enden, im Schnee. Er würde nicht aufstehen, er würde vermutlich so liegenbleiben, mit ausgebreiteten Armen, die Augen nach oben gerichtet, so, als vermute er, dort irgendetwas zu sehen. Nur würde er nichts mehr sehen können. Seine Augen würden so kalt und tot aussehen wie die Augen der Taube.

Die Kälte würde ihn konservieren. Er wäre vermutlich noch nicht einmal verfault, wenn sie ihn fänden. Wahrscheinlich würde erst der Januar kommen, seine Haut würde blau werden, seine Lippen kalt. Langsam würde er einfrieren und erst wieder auftauen, wenn der letzte Schnee des Winters geschmolzen sein würde. Wahrscheinlich würde es eine Weile dauern, bis der Gestank den Spaziergängern auffiele. Hoffentlich finden ihn nicht die spielenden Kinder aus dem Dorf, so einen Anblick würden sie vermutlich nicht vergessen.

Die Welt kippte aus den Angeln und drehte sich schlagartig. Er klebte am Boden, unter ihm taten sich nun die Zweige der Bäume auf und noch weiter darunter die Wolken. Der Schnee fiel ihm von unten entgegen, nur der vereiste Boden schien ihn festzuhalten. Vielleicht war er daran festgefroren und stürzte deshalb nicht ins Nichts. Das Bild verschwamm, es wurde dunkel. Einen Moment lang fühlte er sich erleichtert, der Abgrund unter ihm war kein schöner Anblick. Erfrieren sollte ja ein schöner Tod sein, aber er hoffte, es würde nicht die ganze Nacht dauern, vielleicht würde ihn die Ohnmacht vorher erlösen.

Das Bild wurde heller, schärfer. Er würde wohl nicht sofort erlöst werden. Das Bild erlosch, flackerte wieder auf. Die Welt lag nun wieder richtig herum vor ihm, er musste keine Angst haben, ins Nichts zu fallen, wenn er sich bewegte.

Es dauerte ein paar Sekunden, bis er begriff, dass das keine Ohnmacht, sondern ein Blinzeln war. Er öffnete die Augen und schloss sie wieder. Langsam kehrten die Empfindungen zurück, erst der Schmerz in seinem Rücken, das Brennen an seinen aufgerissenen Händen und schließlich die beißende Kälte seiner Atemluft.

Langsam hob er die Hände, sie schwebten leicht über dem Boden, als er seinen Rücken aufrollte, langsam, wie ein alter Mann, und schließlich im Schnee saß. Vorsichtig stand er auf, auch wenn der Schmerz ihn immer noch betäubte.

Er blickte auf die Szene, als sei sie ihm völlig unbekannt: vor ihm die ausgehobene Grube, der kleine Berg aus Erde und das blutige, wollene Bündel vor dem alten Wohnwagen. Langsam bückte er sich, hob das Bündel auf und ließ es in die Grube fallen.

Als die Erde auf den Körper fiel, murmelte er nur: „Es tut mir leid. Wirklich, es tut mir leid."

Die Arbeit war getan. Er klopfte die Erde flach, legte ein paar Zweige auf die Stelle und richtete sich wieder auf. Der verfaulte Geruch war aus dem Wagen verschwunden, da war nur noch der blutige Fleck auf dem Fußboden. Sorgfältig, fast pedantisch feuchtete er ein Tuch an, wischte über die Stelle und warf es aus dem Fenster.

Es war kalt im Inneren, aber er würde das alte Öfchen anwerfen, es würde ihn nicht gerade warmhalten, aber auch nicht erfrieren lassen. Er öffnete den Reißverschluss seines Rucksacks und warf einen Blick hinein. Er hatte noch ein paar Flaschen Wasser, etwas Brot und ein paar Müsliriegel dabei. In der Ecke des Wohnwagens entdeckte er eine Dose Ravioli und eine Tüte Chips. Der Supermarkt war nicht weit entfernt, aber er hatte genug, um diesen Ort erst einmal nicht verlassen zu müssen. Jedenfalls reichte es aus, um die Feiertage zu überleben.

Medium rare

Ich stehe vor dem Spiegel und prüfe, ob meine Augenbrauen ordentlich gezupft sind, während ich mich frage, was bei mir eigentlich schiefgelaufen ist. Ich zupfe ein schwarzes Haar aus, das genau zwischen den beiden Augenbrauen wächst, und packe die Wimperntusche aus. Ich tusche meine Wimpern fünfmal, weil ich es mag, wenn man mich fragt, ob sie echt sind, obwohl ich falsche Wimpern an sich ablehne. Ich habe Mathematik studiert, aber diese Logik kann ich niemandem erklären, da bleibt mir nur ein müdes Schulterzucken. Ich bin wütend auf Vivienne, weil sie mich dazu überredet hat, und wütend auf mich selbst, weil ich derart masochistisch bin, dass ich mich immer wieder dieser Enttäuschung aussetze.

„Er ist wirklich nett", sagte sie.

‚Aha, wirklich nett', dachte ich, ‚Da muss ich vorsichtig sein.' Ich bin schon oft mit ‚netten Männern' aus gewesen und ich gebe zu: Vor kaum etwas anderem graut mir so sehr, wie vor einem Mann, der sich rechtfertigt: „Ich bin doch ein guter Kerl".

Es ist albern, denn an sich ist diese Äußerung nicht verwerflich, wenn es kein „... aber" gäbe. Doch es gibt fast immer ein Aber. Das Aber kann vieles bedeuten. Sehr oft bedeutet es: „... aber ich will trotzdem, dass du mit mir schläfst". Manchmal heißt es auch: „... aber ich bearbeite dich trotzdem so lange, bis du mit mir zusammen sein willst" oder „... aber ich finde, du hast kein Recht, dich zu beschweren".

Den meisten reicht es nicht, ‚ein guter Kerl' zu sein. Anscheinend hat alles seinen Preis. Sogar der nette Mann ist eine Mogelpackung.

Mogelpackung. Ich schnaube, als mir dieses Wort in den Sinn kommt. Das hört sich an, als wolle ich beim Discounter um die Ecke einkaufen und weniger, als wolle ich mich mit einem menschlichen Wesen treffen. Ich muss gestehen, vielleicht bin ich nicht nur masochistisch, wenn ich zu meiner Verabredung gehe, sondern vermutlich auch etwas sadistisch, immerhin lasse ich zu, dass solche Treffen diese gehässige Seite an mir hervorbringen. Dann kann ich mich selbst nicht ausstehen und frage mich manchmal, ob ich es nicht am Ende verdiene, mich mit einem falschen ‚netten Mann' herumzuärgern. Ich lege die Wimperntusche beiseite und greife nach dem Kajal. Leider habe ich kein Talent dafür, den perfekten Lidstrich zu ziehen, also male ich eine ungerade Linie auf mein Augenlid, um sie danach wieder zu verwischen. Nennt sich Smokey-Eyes. Oder Pandaaugen. Je nachdem, wie nett man es ausdrücken möchte. Ich nehme den Deckel des Lippenstifts ab und drehe den Stift heraus. Die Farbe ist herrlich, ein sattes, dunkles Rot, dennoch halte ich inne. Ich werfe einen Blick vom Lippenstift zum Spiegel und zurück. Dann schneide ich eine Grimasse.

„Ohne diese krassen Lippenstifte siehst du viel natürlicher aus", äffe ich Vivienne nach, „Das ist sonst so Gothic-mäßig, du musst doch gar nicht so viel Make-up tragen."

Ich strecke der imaginären Vivienne die Zunge heraus, auch wenn mein Spiegelbild so nur lächerlicher aussieht.

„Ich mag aber die krassen Lippenstifte", erwidere ich und jetzt sieht mein Ebenbild aus, wie ein trotziges Kind, das sich mit Farbe einschmiert.

‚Und wenn schon Gothic,' denke ich, ‚das ist doch kein Weltuntergang.' Mittlerweile wirkt mein Spiegelbild äußerst grimmig. Ich klappe die Puderdose auf und huste, als ich ein paar Partikel einatme. Tatsächlich habe ich Vivienne nie gesagt, wie sehr mich solche Bemerkungen kränken. Dabei bin ich nicht einmal wütend auf sie, sondern wütend auf alle, die es nicht wahrhaben wollen, dass wir in einer künstlichen Welt leben. Wir sind Selbstdarsteller, Schauspieler, die eine Rolle eintrainieren, immer wieder führen wir das Stück auf, das wir uns selbst auf den Leib geschrieben haben, mal besser, mal schlechter. Die Kritiker um uns herum erinnern uns regelmäßig daran. Aber nein, es reicht nicht makellos zu sein, wir müssen auch noch makellos sein, ohne uns anzustrengen.

Ich bin fertig mit dem Schminken und betrachte mich einen Augenblick lang im Spiegel. Wäre das hier eine Filmszene, wäre sie vermutlich nur dazu da, um dem kritischen Zuschauer zu verdeutlichen, dass ich dem Diktat des Patriarchats ausgesetzt bin und dass mein Schminken der Selbstunterwerfung gleichkommt. Ich puste eine Wimper von meiner Wange und schüttle den Kopf. Sehr gerne würde ich jenen besorgten Zuschauern sagen, sie sollen andere nicht bemitleiden, um sich progressiv zu fühlen. Außerdem möchte ich mich ausnahmsweise einmal nicht beim Patriarchat beschweren, sondern mich für seine Schminktipps bedanken, denn der rote Lippenstift steht mir wirklich ausgezeichnet. Ich balle meine Hand zur Faust und lasse sie, wie in Zeitlupe, auf dem Spiegel aufdonnern, während ich mir vorstelle, dass an der Stelle der Glasscheibe die Gesichter derer sind, die mich als ‚künstlich' oder ‚nuttig' bezeichnen. Nur führe ich in meiner Vorstellung den Schlag nicht in Zeitlupe aus. Doch leider ist es nur Wunschdenken. Danach grinst mich wieder nur mein Spiegelbild an. Verdammt.

Vivienne hat mir gesagt, Anna-Lena würde sich nicht an mich erinnern. Eigentlich sollte mich das nicht wundern, immerhin war ein kleines ‚Hallo' auf ihrer Silvesterparty alles, was ich je zu ihr gesagt habe. Außerdem wirkte sie nicht wie jemand, der anderen leicht Aufmerksamkeit schenkt. Ich kann mich noch gut daran erinnern, wie sie ihren Blick gelangweilt über die Menge schweifen ließ, ein wenig schwankend, in der Hand ein Glas Rotwein.

Ich schalte den Rasierapparat ein. Ein leises Summen ertönt, es klingt beruhigend, auch wenn mich die Vorstellung, Anna-Lena wiederzusehen, ziemlich nervös macht.

Ich setze den Rasierer an und ziehe ihn vorsichtig über meinen Hals, mein Kinn und meine Wangen. Ich bin froh, dass heute wenigstens meine Haut nicht so pickelig ist, wie üblich, aber trotzdem kann ich mich nicht gegen das Gefühl von Frustration wehren, wenn ich in den Spiegel schaue. Es stimmt schon, man könnte definitiv schlimmer aussehen als ich, aber ich bin kein Mann, den eine Frau auf Anhieb interessant findet.

Interessant. Ich kann schon verstehen, warum ich nicht derjenige bin, mit dem Frauen auf einer Party sofort reden wollen. Aber allmählich stört es mich, wenn sie hinterher darüber reden, sie hätten ‚jemand Interessanten' kennengelernt, wenn sie eigentlich meinen, sie hätten einen Mann kennengelernt, der überdurchschnittlich gut aussieht, zumindest besser als ich.

Ein bisschen Ehrlichkeit fände ich gnädiger.

Mein Bruder sagte, es liege daran, dass ich selbstsicherer sein müsse. Er sagte es vorsichtig, aber mit Nachdruck, so, als verrate er mir etwas, das ich noch nicht wüsste. Meine Antwort war ein Augenverdrehen.

„Na ja, es wird schon einen Grund geben, warum es nicht klappt", meinte er schließlich und ich sagte nichts mehr, immerhin ist mein Bruder auch nicht viel besser. Zwar trifft er sich oft mit Frauen, aber keine ist ihm gut genug. Gleichzeitig klagt er über Einsamkeit und darüber, nicht die Richtige zu finden. Für ihn ist das kein Widerspruch. Als ich ihn einmal fragte, wie denn die perfekte Frau sein soll, erwiderte er, ohne nachzudenken:

„Also sie sollte lässig sein, keine, die sich an einen klammert. Dann fände ich es gut, wenn sie sportlich ist und schon auch intelligent, aber trotzdem keine Streberin. Ich will eine, die attraktiv ist, aber keine, die zu viel mit Männern herummacht, sie soll ja auch treu sein können. Und sie sollte blond oder rothaarig sein, am besten auch helle Augen, denn ich finde blaue Augen schöner als braune."

„Und sie sollte vielleicht lebendig anstatt ein bloßes Klischee sein", bemerkte ich schließlich gehässig. Danach sprachen wir eine ganze Weile nicht mehr darüber. Wenn ich mich daran erinnere, muss ich gestehen, dass sein Gerede über Frauen sich für mich ähnlich anhört, wie wenn er im Restaurant sein Steak bestellt:

„Medium, aber bitte schon noch rosé. Also medium rare, wenn Ihnen das was sagt."

Dating ist im wahrsten Sinne des Wortes ein Fleischmarkt.

Ich wische die Haarstoppeln vom Rand des Waschbeckens und spüle es mit Wasser aus, während ich darüber nachdenke, wie ich eine Gemeinsamkeit mit Anna-Lena finden könnte.

Vivienne hat mir verraten, dass sie Mathematik studiert hat und an der Universität unterrichtet. In ihrer Freizeit spielt sie gerne Theater und sieht sich alte Filme an. Alte Filme … da fallen mir nur die ‚Star Wars'-Filme aus den Siebzigern ein, aber ich fürchte, die zählen nicht. Sofort ärgere ich mich darüber, dass ich mir nicht die Zeit genommen habe, mir ein paar Filmklassiker anzusehen oder zumindest Wikipedia-Artikel über sie zu lesen, bevor ich zu unserer Verabredung gehe, auch wenn ich mir dabei albern vorkomme.

„Ja, schon gut, bleib du selbst", schnauze ich mein Spiegelbild an, „Aber wenn wir kein gemeinsames Gesprächsthema finden, ist es trotzdem peinlich, das musst du zugeben."

Mein Spiegelbild bleibt stumm. Ich schwitze bereits und überlege, ob ich lieber ein T-Shirt anziehen soll, aber dann würde ich meine dünnen Arme zeigen. Ich frage mich, ob Anna-Lena enttäuscht sein wird, wenn sie mich in der Bar sieht. Vivienne hat ihr kein Foto von mir gezeigt. Sie wird wahrscheinlich Besseres gewohnt sein, immerhin ist sie ziemlich attraktiv. Ich frage mich, ob sie sich oft mit Männern verabredet.

Ich mag es nicht, wie die meisten Menschen über Sex reden. Vielleicht bin ich altmodisch, weil ich Diskretion wahre, wenn mich jemand fragt, wie oft ich mit wie viel verschiedenen Männern schlafe. Wenn mich jemand danach fragt, lächle ich nur höflich und sage: „Eine Lady schweigt und genießt", immerhin habe ich nicht den Eindruck, wirklich eine Wahl zu haben, denn ganz gleich, welche Antwort ich darauf gebe, sie kann nur falsch sein. Sage ich: „Nein, ich habe keinen Sex", bin ich eine Nonne. Sage ich: „Ja, ich habe Sex", bin ich eine Hure. Ich will keine Hure sein und eine Nonne erst recht nicht.

Ich öffne die Tür meines Kleiderschranks und lasse meinen Blick über dessen Inhalt schweifen. Ein weiteres logisches Problem, das eine studierte Mathematikerin niemandem erklären kann: Meine Bemühungen zu einer Verabredung etwas Hübsches anzuziehen, das aber nicht aussieht, als hätte ich mir zu viel Mühe gegeben, hübsch auszusehen. Ich entscheide mich für die neue, enge Jeans und die weiße, kragenlose Bluse mit V-Ausschnitt, dazu schwarze

Ballerinas. Es ist noch ein wenig kühl draußen für einen Abend im Frühling, allerdings will ich mir die Option offenhalten, zu sagen, mir sei kalt. Ein Klassiker.

Ich fische die Jeans aus der Schublade, nehme die Bluse vom Kleiderbügel und krame im untersten Fach meines Schranks nach der passenden Unterwäsche. Man kann nie wissen. Eine Lady schweigt und genießt.

Warum bin ich so nervös? Ich sollte froh darüber sein, dass sie der Verabredung zugestimmt hat und ich eine Chance habe, mit ihr zu sprechen, anstatt sie aus der Ferne zu verehren, wie ich es sonst tue. Ich greife mir mit beiden Händen an die Schläfen und versuche, diese Gedanken zu verhindern, die mit einem Mal, einer Lawine gleich, alles einzureißen und zu zermalmen drohen. Doch hat es schon einmal jemand geschafft, eine Lawine aufzuhalten? Nein, das ist nicht möglich, Schwäche gehört zum Menschsein.

Ich atme kurz ein, doch ich kann nicht verhindern, dass die quälenden Fragen die Fassade, die ich jedes Mal sorgfältig errichte, sobald ich das Haus verlassen möchte, einzureißen drohen.

Was ist, wenn ihr mein Hemd nicht gefällt? Was ist, wenn ich schwitze? Wenn ich unangenehm rieche? Wenn ich etwas Dummes sage? Wenn es sie stört, dass ich eine Ausbildung gemacht und nicht studiert habe? Wenn sie mich dumm findet? Wenn es sie stört, dass ich keinen guten Sinn für Humor habe? Was ist, wenn … was ist, wenn …

Nun bricht mir erst recht der Angstschweiß aus. Kalt tropft er mir den Rücken hinunter und hinterlässt Flecken auf meinem weißen Hemd. Ich versuche, mich zu beruhigen, und erinnere mich daran, dass ich die Schweißflecken problemlos beseitigen kann, und dass ich vielleicht doch ein T-Shirt anziehen könnte. Oder ich könnte die Verabredung absagen. Das Handy liegt zum Greifen nahe … nur ein paar Worte bewahren mich vor der Demütigung …

Ich greife nach meiner Handtasche und prüfe, ob ich alles dabeihabe: Geldbeutel, Schminke, Wohnungsschlüssel, Handy und mein ‚Nur für den Fall'-Paket. Mein ‚Nur für den Fall'-Paket ist ein unauffälliges, schwarzes Täschchen, ziemlich diskret. Es enthält alles Nötige, was mich daran hindert, auf dem Nachhauseweg am nächsten Tag wie ein Zombie auszusehen. Ich kenne keinen Walk of Shame, man kann den Nachhauseweg auch mit Würde gehen.

Walk of Shame. Und wir denken wirklich, das 21. Jahrhundert wäre fortschrittlich. Es mag sein, dass wir vielleicht nicht mehr im Mittelalter leben, aber dennoch schafft es die Menschheit nach wie vor nicht, Frauen ein Liebesleben zuzugestehen, für das sie sich nicht schuldig fühlen müssen. Ich seufzte. Das F-Wort hat mich im Stich gelassen. Als ich Anfang zwanzig war, habe ich mich selbst als Feministin bezeichnet. Ich habe es als Chance gesehen, als Hoffnung. Doch was als ein ‚Vielleicht kann ich ...' begann, wurde über die Jahre eher zu einem ‚aber du musst doch ...' oder einem ‚aber du kannst nicht ...'

„Aber du kannst dich doch nicht schminken und dich gleichzeitig über Sexismus beschweren."

„Aber du musst doch an andere Frauen denken, denen es schlechter geht als dir."

„Aber du kannst doch nicht gegen dies sein ..."

„Aber du kannst es doch den Männern nicht so leicht machen ..."

Trotzig murmle ich: „Doch ich kann. Nein, ich muss nicht", als ich die Wohnungstür hinter mir zuziehe, durch das Treppenhaus nach unten gehe und das Haus verlasse.

Ich werfe einen Blick auf die Uhr. Ich muss mich beeilen, wenn ich mich noch einmal unter die Dusche stellen und etwas Frisches anziehen möchte. Auf den Kanten des Waschbeckens stütze ich mich ab und starre in mein Gesicht, auf dem sich rote Flecken ausbreiten. Hektisch taste ich meine Haut nach Schwellungen und Knötchen ab, doch da ist nichts. Ich knöpfe das Hemd auf, von oben nach unten, und brauche dafür eine gefühlte Ewigkeit, weil meine Hände so sehr zittern. In hohem Bogen werfe ich es in den Wäschekorb und stehe halbnackt vor dem Spiegel. Ich kann verstehen, warum Frauen sich erhoffen, einem ‚Interessanteren' als mir zu begegnen. Ich bin auch jedes Mal von mir selbst enttäuscht, wenn ich meine Kleidung ablege.

Frierend stehe ich an der Haltestelle. Nun wäre ich froh über eine Jacke und lache über mich selbst, dass ich keine dabeihabe. Die Bahn fährt mir mit diesem surrenden Geräusch entgegen, das ich auch immer abends in meiner Wohnung hören kann, und ich steige ein. Ich nehme am Fenster Platz und lege meine Tasche auf den Sitz neben mir. Heute Abend sind nur wenig andere Fahrgäste unterwegs.

Die Bahn setzt sich in Bewegung. Ich schaue aus dem Fenster, betrachte die vorbeiziehenden Häuser und gestehe mir zum ersten Mal an diesem Abend die Frage zu, was mich heute wohl erwarten wird. Vivienne sagte mir, er würde im IT-Bereich arbeiten. Sein Name ist Henri. Ich spreche den Namen lautlos aus und versuche, mich an seinen Klang zu gewöhnen. Ich habe ein schlechtes Namensgedächtnis. Hoffentlich vergesse ich den Namen nicht im Laufe der Verabredung, das wäre peinlich.

Ich weiß nicht mehr, wie ich hierhergekommen bin. Aber ich liege halbnackt in der leeren, trockenen Badewanne, starre zur Decke und versuche meine Atmung zu beruhigen. Es gelingt mir nicht, ich hyperventiliere. Was wird Vivienne wohl dazu sagen? Sie wird wütend auf mich sein, mich rücksichtslos nennen, mir vorwerfen, ich hätte kein Rückgrat. Ein berechtigter Vorwurf.

Ich steige aus der Straßenbahn und sehe mich um. Die Bar, die er mir vorgeschlagen hat, liegt zwei Haltestellen von meinem Arbeitsplatz entfernt. Jeden Tag fahre ich diese Strecke, aber kein einziges Mal bin ich mit der Straßenbahn auch nur eine Station weiter gefahren. Ich verfalle in Laufschritt, während mir ein Schauder über die nackten Arme läuft.

Ich spüre immer noch den nackten Keramikgrund unter meinem Rücken, er kühlt ein wenig meine erhitzte Haut. Der säuerliche

Geruch nach Schweiß widert mich an. In der Hand halte ich mein Handy, der Chat mit Anna-Lena ist geöffnet. Meine zitternden Finger tippen etwas, löschen es wieder. Tippen es erneut. Überlegen es sich anders.

Ich betrete die Bar. Er ist noch nicht hier, also nehme ich an einem Tisch in der Ecke Platz und hänge meinen Mantel an den Haken. Der Kellner sieht mich und fragt mich, ob ich etwas bestellen möchte.

„Ich warte auf jemanden", antworte ich.

„Liebe Anna-Lena, es tut mir fürchterlich leid, dir absagen zu müssen …"

„Liebe Anna-Lena, ich bin ein schrecklicher Feigling …"

„Liebe Anna-Lena, leider sind Verabredungen für mich …"

„Liebe Anna-Lena, ich weiß, es gibt keine Entschuldigung für die Situation, in die ich dich gebracht habe …"

„Liebe Anna-Lena, es tut mir schrecklich leid, dass ich nicht kommen kann. Doch bitte halte mich nicht für einen Unmenschen und lass es mich erklären …"

Meine Finger verharren einen Moment auf der Tastatur. Dann löschen sie erneut den bisherigen Text und verfassen einen neuen.

„Liebe Anna-Lena, ich kann dir leider nicht erklären, warum ich heute Abend nicht kommen kann. Es tut mir sehr leid und ich hoffe, du kannst meine Entschuldigung annehmen. Bitte denke nicht, dass es an dir liegt, denn du hast nichts falsch gemacht. Ich werde sicher keine zweite Chance bei dir bekommen, das weiß ich. Ich wünsche dir alles Gute. Henri"

Natürlich. Verdammt, manchmal ist es fast so, als würden sie ihre Ausreden untereinander absprechen. Sie sagen fast immer: „Es liegt nicht an dir", aber sie unterschlagen den Subtext: „Es liegt sehr wohl an dir. Ich bin nur zu feige, es dir zu sagen."

Ich trete vor die Tür und bestelle ein Taxi, denn ich bin nicht mehr in der Stimmung, auf dem Heimweg zu frieren.

Drei Könige

Wir sind nicht einmal verabredet. Trotzdem warte ich schon seit einer halben Stunde vor dem eingezäunten Gelände. Einige Monate lang habe ich weder etwas von Marc noch von Simon gehört. Aber ich weiß trotzdem, dass sie auftauchen werden, zuerst Simon, dann Marc. Natürlich wird Marc als Letzter da sein, es ist ein ungeschriebenes Gesetz, dass derjenige am spätesten kommt, der nur zwei Dörfer weiter weg lebt. Simon und ich dagegen sind schon vor Jahren in entgegengesetzte Himmelsrichtungen gezogen und glänzen die meiste Zeit durch Abwesenheit. Die einzige Ausnahme ist der 6. Januar, denn am Dreikönigstag sind wir immer hier, waren wir immer hier, werden wir immer hier sein.

Im Dorf, in dem wir aufgewachsen sind, findet jedes Jahr am Dreikönigstag ein Fest statt. Jung und Alt feiert, es fließt eine Menge Schnaps, manchmal teurer Wodka, manchmal aber auch Selbstgebranntes, das einem gefühlt den Hals wegätzt, sobald man nur einen Schluck trinkt. Die Frauen machen sich schön und ihre Männer haben keine Augen für sie, weil sie eine Liebesaffäre mit dem Dreikönigsfest haben, nur einmal im Jahr flammt sie auf, wie ein kurzes Glühen in der Dunkelheit. Die braven Ehemänner und Familienväter haben einen Abend lang eine große Klappe, denken nicht an den nächsten Tag und fühlen sich wie Könige, bevor sie sich wieder in ihr Verlies aus Vorgarten und Vereinstreffen begeben. Wir drei sind schon seit Jahrzehnten nicht mehr beim Dreikönigsfest im Dorf gewesen. Wir gehörten nie dazu, nicht einmal damals, als die Vorgartenväter noch Schüler waren und wir eine kleine Clique von Verlierern, unsichtbar für alle anderen. Früher schnappten sie uns die Mädchen weg, heute reiben sie uns unter die Nase, dass wir am nächsten Morgen allein aufwachen und keine Frau uns Vorhaltungen macht.

Ich lehne mich gegen den Zaun und inhaliere die eiskalte Luft. Das Stechen in meiner Brust ignoriere ich, stattdessen blicke ich über die schneebedeckten Felder zur Landstraße. Ich warte darauf, dass Marcs Kia um die Ecke biegt oder zumindest Simons Motorrad, doch beide lassen auf sich warten.

„Mistkerle", sage ich laut, muss dann aber lachen, weil ich mir selbst nicht glaube. Ich zünde mir eine Zigarette an. Zwar habe ich aufgehört zu rauchen, doch heute ist Dreikönigstag, unser alljährliches Fest des Scheiterns. Ich genieße den bitteren Geschmack von Tabak auf meinen Lippen und ziehe genüsslich an der brennenden Kippe. Warum fühlen sich die Dinge so gut an, die schlecht für einen sind?

Hinter mir im Gebüsch knackt es. Ich zucke zusammen, muss aber lachen, als ich nur einen Hasen davonhoppeln sehe und das vertraute Heulen in der Ferne höre. Simon sieht albern aus auf seinem Motorrad, jeder denkt das, nur spricht es seit der zehnten Klasse niemand mehr vor ihm aus. Ich drücke meine Zigarette im Neuschnee aus und verschränke die Arme, als das Licht näherkommt und ich Simons flatternde braune Haare unter dem Helm erkennen kann. Wer hätte das gedacht, Metal stirbt nie, zumindest hat er das so verinnerlicht, immerhin hat er seine Band nie aufgelöst, obwohl der Bassist seit drei Jahren keine Lust mehr auf Auftritte hat und der Schlagzeuger nur noch bei Frau und Kind zuhause sitzt. Aber Simon läuft immer noch durch die Gegend, als sei er der nächste Kurt Cobain, nur aus dem deutschen Hinterland. Wobei, eigentlich passt Kurt Cobain nicht zu Metal, aber mir ist das vollkommen egal, immerhin interessiere ich mich nicht für Musik, schon gar nicht für das, was Simons sogenannte Band produziert, auch wenn ich nach wie vor ihren Youtube-Kanal abonniert habe und ihre CDs kaufe, weil ich ein guter alter Freund sein will, zumindest ab und zu. Simon hält hundert Meter vom Zaun entfernt und stellt das Motorrad am Rand des Feldwegs ab. Ich grinse, als er seinen Helm abnimmt und das lange Haar schüttelt, wie es sonst eher Frauen tun.

„Habe mich schon gefragt, wo ihr bleibt. Steh' schon eine halbe Stunde lang in der verdammten Kälte."

„Das wird dich schon nicht umbringen. Warum bist du auch zu Fuß hier?"

Ich lache, weil Simon wie immer unverschämt ist und er natürlich ganz genau weiß, warum ich nicht mit dem Auto hier bin.

„Wir können dann vermutlich gegen Mitternacht mit Marc rechnen, oder?"

„Denke ja", Simon hält mir eine Flasche Wodka unter die Nase, „Gut genug für heute Abend?"

Ich hebe leicht die Augenbrauen, was er im Halbdunkeln nicht sehen kann, auch wenn er das nicht muss, um zu wissen, dass er mich provoziert hat. Ich hole die Heckenschere unter meiner Jacke hervor und schneide ein paar Zweige der Brombeersträucher vor dem Loch im Zaun zurück.

„Irgendwann ist es noch zugewachsen", bemerkt Simon, wie er es jedes Jahr tut.

„Irgendwann passt Marc nicht mehr durch", entgegne ich und wir lachen, wie wir es jedes Jahr tun.

Meine Jacke verfängt sich im Draht des Zauns, mit einem leisen Ratschen habe ich den Ärmel ruiniert. Wir schieben die Sträucher beiseite und nähern uns der verlassenen Siedlung. Seit Jahrzehnten steht sie schon hier in der Landschaft, umzogen von einem hohen, einschüchternden Zaun, an beiden Enden verstärkt durch Stacheldraht. Wehrhaft sieht er aus, so als gelte es, die Ruinen vor den Menschen hier zu beschützen.

Dabei gibt es jenseits des Zauns auf den ersten Blick nicht viel zu bewahren. Die zehn Häuser, die einst von den französischen Besatzern erbaut wurden, verfallen bereits seit dem Ende der Achtziger Jahre. Der Putz bröckelt und wildwachsender Efeu schlängelt sich an den Fassaden hoch, bis die Häuser fast vollständig unter dem Grün verschwunden sind. Doch wir waren damals froh über den Zaun und bewahrten das Geheimnis, dass man ihn an einer Stelle umgehen konnte. Hätten die anderen von unserem geheimen Versteck gewusst, hätten sie uns diesen Ort weggenommen und dort ihre Partys gefeiert, bis kein Stein mehr auf dem anderen gestanden hätte. Also blieben die Ruinen verschont – außer von uns und vom Zahn der Zeit. Wir brachen damals Türen auf, schlugen ein paar der Fenster ein, um in die Häuser zu gelangen, bis es keinen einzigen Raum mehr gab, der nicht von uns erschlossen wurde. Unser Lieblingsort war mit Abstand die ehemalige Kneipe. Zwar floss aus den Zapfhähnen kein Bier mehr, aber der Tresen war noch erhalten, sogar ein alter Billardtisch stand in der Ecke, auch wenn ein paar der Kugeln fehlten. Auf dem verstaubten Sofa lungerten wir manchmal stundenlang herum, tranken Bier und fühlten uns wie die Größten – zumindest so lange, bis wir wieder ins Dorf zurückkehrten, wo wir unsichtbar waren.

Doch für die Kneipe ist es heute Abend zu kalt. Simon und ich entscheiden uns also für das zweite Haus auf der rechten Seite, weil es dort einen halb überdachten Innenhof gibt, in dem wir ein Feuer machen können. Zwar macht sich Marc jedes Mal Sorgen, das Dach könnte baufällig sein, aber nach ein paar Bier können wir seine Bedenken meistens zerstreuen. Simon und ich stellen unsere Rucksäcke vor dem Haus ab und gehen ein paar Schritte weiter, weil dort der baufällige Bungalow steht, wo wir uns Holzbretter für das Feuer beschaffen können.

„Sei vorsichtig", warne ich ihn, als ein Balken verdächtig über unseren Köpfen schwebt. Wir reißen ein paar der Holzdielen heraus und tragen Laub und herumliegende Äste zusammen.

„Marc könnte ruhig schon da sein und uns helfen", beschwert Simon sich, als wir im Innenhof einen Haufen auftürmen.

„Das wird dich doch nicht etwa überraschen?", gebe ich zurück und versuche das Holz anzuzünden. Doch da ist nur immer wieder das Klicken meines Feuerzeugs und ein schwaches Aufflackern, sonst nichts. Der Wind droht die kleine Flamme sofort im Keim zu ersticken. Ich fluche. Simon holt ebenfalls sein Feuerzeug heraus. Er hat Glück. Endlich erblicken wir das warme Leuchten in der Dunkelheit, auf das wir gewartet haben, und packen unsere Rucksäcke aus. Simon hat zusätzlich zum Wodka Chips und Erdnüsse mitgebracht. Ich stelle einige Flaschen Bier in die Ecke des Innenhofs, weit genug weg vom Feuer. Er reibt sich die Hände.

„Endlich", brummt er, „Ist verdammt kalt hier draußen."

„Marc bringt Decken mit. Hat er doch immer dabei."

„Ja, hat er", sagt jemand hinter uns. Früher nannten wir Marc ‚den unsichtbaren Dritten', weil er einen so leisen Gang hatte. Inzwischen trifft das nicht mehr zu, denn er trägt beinahe das Doppelte seiner Körpermasse umher. Die Versuche, seinen wachsenden Bauch unter übergroßen T-Shirts zu verbergen, machen es nicht besser. Auch heute Abend trägt er eine Jacke, die ihm ein paar Nummern zu groß ist.

„Na dann, gebt mir mal ein Bier", brummt er, „Ich habe zwar eigentlich keine Lust drauf, weil es so kalt ist, aber vielleicht heizt mir der Alkohol ein bisschen ein."

„Und das Feuer."

„Das ist kein Feuer, das ist ein winziges Flämmchen."

„Danke."

„Ihr wisst schon, dass nasses Holz nicht brennt, oder?"

„Klugscheißer."

Marc holt drei Bierflaschen und öffnet sie an einer der Fensterbänke. Wir stoßen mit einem leichten Klirren an.

„Auf uns", sagen wir im Gleichtakt.

Was wir nicht sagen: „Auf uns, die Verlierer." Oder: „Auf uns, die Außenseiter."

Marc schichtet ein wenig Holz, das er selbst mitgebracht hat, auf den Haufen und holt eine kleine Flasche aus seinem Rucksack.

„Brennspiritus", murmelt er, als wir ihn fragend ansehen.

„Sei vorsichtig, wir wollen hier nicht die ganze Siedlung abfackeln."

„Wenn ihr zwei für das Feuer verantwortlich seid, haben wir alle morgen früh keine Zehen mehr", er schraubt den Verschluss ab. Simon versucht, etwas zu sagen, doch Marc unterbricht ihn mit einer gebieterischen Geste.

„Lasst mich nur machen", kündigt er an und wir verdrehen die Augen, weil dieser Satz sich anhört, als entstamme er einem Drehbuch für einen Actionfilm. Aus Marcs Mund klingt er jedoch lächerlich. Er gießt eine klare Flüssigkeit über die Holzscheite. Eine Flamme sticht hervor und erfasst den Ärmel seiner Jacke.

Marc gibt ein eigenartiges Geräusch von sich. Es ähnelt einem Frauenschrei, dann eher einem erstickten Jaulen. Simon schüttet Bier über Marcs Arm, obwohl der Ärmel nicht einmal Feuer gefangen hat.

„Das war vielleicht peinlich", ich trinke mein Bier leer.

„Du hast aber einen guten Zug drauf", erwidert er bissig.

Ich spüre ein absurdes Lachen in meiner Kehle aufsteigen.

„Na und? Mein Gott, jeder weiß, dass ich viel trinke. Du auch. Du kannst mich damit nicht provozieren. Ich lebe so und will es nicht anders."

„Wer's glaubt", Marc bückt sich, um seine Bierflasche vom Boden aufzuheben.

„Ist mir schon klar, dass ich das nicht ewig machen kann. Bevor ich älter werde, höre ich damit eben auf."

„Ich habe mal einen Rat für dich: Google Alkoholismus, du wärst überrascht."

Ich lehne mich leicht zurück, bis meine Schultern gegen die Wand stoßen.

„Mal wieder was von Lea gehört, Marc?"

„Das hast du jetzt nicht bleibenlassen können, oder?"

Simon tritt zwischen uns und hebt die Hände.

„Halt, halt, wir hatten das schon letztes Jahr. Wir machen uns hier nicht fertig, das passiert draußen schon jeden Tag. Heute Abend wird gefeiert und da ist kein Platz für Süchte oder für Frauen, die uns enttäuschen."

„Oder für gescheiterte Musikkarrieren", ich öffne noch ein Bier und proste ihm zu.

Simon grinst halb deprimiert, halb amüsiert.

„Oder das."

Oft bewundere ich Simons Gelassenheit. Er kann über sich selbst lachen, wenn ihm die Leute sagen, dass er vermutlich in diesem Leben nicht mehr den Grunge wiederbeleben wird und dass anstatt junger Groupies eher mittelalte Männer zu seinen Konzerten kommen. Auch jetzt lässt er sich nichts anmerken, falls mein Kommentar ihn getroffen haben sollte. Stattdessen steht er breit grinsend vor uns und lästert über ein paar unserer alten Klassenkameraden, denen er gestern im Supermarkt begegnet ist. Marc dagegen starrt düster in die Flammen. Ich weiß, dass er gerade an Lea denkt. Hätte er mich nicht einen Säufer genannt, würde er mir vielleicht leidtun, immerhin hofft er seit bald zehn Jahren auf ihre Rückkehr. Damals schon verstand niemand, was dieses ungleiche Paar zusammenhielt: den dicklichen, schüchternen Jungen, der lieber am Computer saß, anstatt vor die Tür zu gehen, und das hübsche Mädchen, das schon seit Jahren davon träumte, in einer Großstadt zu leben. Ich bin mir sicher, dass Marc von Anfang an wusste, wie es enden würde, aber den Weg dahin zumindest voll auskostete. Eines Tages machte Lea ihre Ankündigung wahr und verließ dieses Dorf. Simon nannte sie deswegen eine ‚gewissenlose Schlampe'. Zwar weiß ich, dass er das nur tat, damit Marc sich besser fühlte, dennoch war ich nicht damit einverstanden. Immerhin hatte sie ihm von Anfang an gesagt, was sie wollte, überrascht hatte es im Grunde niemanden.

„Ich habe immer gehofft, das würde sich ändern", meinte er nur, als ich ihn darauf ansprach.

Ironischerweise änderte er selbst sich in dieser Hinsicht nicht. Sieben Jahre, nachdem Lea ihn verlassen hat und sich vielleicht nicht einmal mehr an ihn erinnert, hofft er nach wie vor, dass sie eines Tages in dieses Dorf zurückkehrt.

„Wie geht's eigentlich deiner Mutter?", frage ich Simon.

Die Häuser unserer Eltern liegen weniger als hundert Meter voneinander entfernt. Früher konnte ich schräg über die Straße von unserem Garten aus in das Wohnzimmer von Simons Familie sehen, bis seine Mutter eine Jalousie einbauen ließ. Vor einem Jahr erlitt sie einen Herzinfarkt und ist, wenn man meiner Mutter Glauben schenken darf, kaum noch außerhalb ihres Hauses zu sehen.

„Na ja, ich denke, ihre Agoraphobie macht ihr mehr zu schaffen als das Herz", Simon lacht, aber dieses Mal klingt es ein wenig bitter, „Und sie meinte, sie würde wesentlich schneller auf die Beine kommen, wenn endlich etwas aus mir werden würde."

„Das ist hart."

„Aber aus dir ist doch etwas geworden", Marc schwingt einen brennenden Ast durch die Luft, der leuchtende Linien in die Dunkelheit zeichnet, „Du lebst nicht mehr in einer WG, hast keine Schulden, arbeitest nebenbei als Barkeeper und ihr bringt bald eure dritte CD heraus."

„Hör auf, wenn du es aussprichst, klingt es erst so richtig deprimierend. Ich werde nächstes Jahr dreißig."

„Ja und? Wir feiern deinen Dreißigsten, lassen es richtig krachen."

„So wie an deinem Fünfundzwanzigsten?"

„Mindestens. Am liebsten viel schlimmer."

„Lass mal was von deinem neuen Album hören", ruft Marc dazwischen und ich verdrehe die Augen.

„Das habe ich gesehen", murmelt Simon, als er sein Handy aus der Jackentasche fischt.

„Das meinte ich nicht."

„Was dann?"

„Marc ist ein Schleimer."

„Und du bist ein Arschloch", Marc sieht weg, als er mich beleidigt. Ich bin mir sicher, dass er sich selbst damit mehr in Verlegenheit bringt als mich. Ich lasse mir nichts anmerken, lache ihn aber insgeheim aus. Marc war schon immer verklemmt. Simon packt sein Handy aus und spielt einen der Songs ab. Zwar streitet er sich oft mit seinen Bandkollegen, ob sie nun Metal spielen wollen oder lieber dem Grunge-Rock zu einer Renaissance verhelfen, allerdings kann er sich darauf verlassen, dass Marc immer ihre Alben hören wird. Zumindest muss er sich keine Sorgen machen, ein totes Genre zu bedienen, immerhin ist sein treuster Fan selbst scheintot. Scheppernde Bässe schallen durch den Innenhof, auch der Gesang klingt aus den Handylautsprechern hohl.

Doch sogar ich muss zugeben, dass der Song sich nicht schlecht anhört, nicht einmal für jemanden, der das undefinierbare Genre nicht mag, was ich Simon auch sage.

„Das ist echt ein Kompliment, oder?"

Wie zur Bestätigung halte ich die Bierflasche hoch, während eine verzerrte Version von Simons Stimme singt: „I don't give a fuck about my future." Ich singe mit, obwohl Marc mich angeekelt anschaut.

„So siehst du auch aus", bemerkt er schließlich.

Ich verkneife mir eine bissige Antwort, denn ich weiß, dass Marc mich nur provozieren will. Kurz nachdem Lea ihn verlies, zog auch ich weg und er blieb als Letzter von uns dreien in diesem Dorf zurück. Das Einzige, was ich nicht verstehe, ist, dass er mir immer noch nicht verziehen hat, während er auf Simon nicht einmal böse war. Hat er es von ihm eher erwartet? Jedenfalls ist Marc der Einzige von uns, der gerne hier lebt. Während Simon und ich immer davon redeten, wie sehr wir dieses Dorf hassen, sprach Marc nur davon, wie furchtbar die Menschen waren.

Letztendlich haben wir alle recht behalten. Diese Gegend ist immer noch trostlos, aber woanders sind die Menschen auch nicht besser, zumindest nicht aus meiner Sicht.

„Gott, ich denke gerade an diese Dorftrottel", ich grinse und trinke weiter, „Früher dachten sie, sie wären die Größten und jetzt nutzen sie ihre einzige Chance seit Monaten, sich einmal volllaufen zu lassen, während zuhause ein Drache auf sie wartet."

Simon und Marc nicken zustimmend, doch ich frage mich, ob sie das nur tun, weil sie glauben, dass ich wegen dieser Sache mit Fiona Bestätigung suche.

„Mir wird schon schlecht, wenn ich diese Vorgärten nur sehe", stimmt Simon mir zu, „Oder, wenn ich einen von denen reden höre. Reden nur über Autoleasingverträge und so. Das soll der Traum sein? Die haben sich das doch auch anders vorgestellt."

Niemand von uns spricht das aus, was offensichtlich ist: dass jeder von uns, ob Gewinner oder Verlierer, ob beliebt oder ein Außenseiter, sich das Leben einmal anders vorgestellt hat.

„Ich habe es mir nie anders vorgestellt", bemerkt Marc, so als hätte er soeben meine Gedanken gelesen.

„Was meinst du?"

„Na ja, wie ich später mal lebe. Ich wusste, dass ich hierbleiben würde. Ich dachte nur, Lea würde bleiben."

„Ja", sagt Simon leise, obwohl niemand von uns je mit etwas anderem gerechnet hat.

„Aber wir haben letztens mal wieder telefoniert. Sie meinte, sie hasse ihren Job und fühle sich gestresst. Vielleicht kommt sie wieder, ich muss sie nur überzeugen, ihr sagen, dass ich für sie da bin ...", wie besessen stiert er in die Flammen. Simon und ich werfen uns beunruhigte Blicke zu.

„Ich würde jedenfalls nicht heiraten wollen", sage ich, „Das ist doch alles eine Illusion."

Ich beiße mir auf die Lippe, weil ‚Illusion' das Wort ist, das auch Fiona verwendet hat. Nicht einmal zwei Monate ist es her, dass sie den Stecker meiner Playstation zog und mich zu unserem letzten Gespräch zwang, dem ich so beharrlich ausweichen wollte. Es gab keinen Ausweg mehr, keine Option, ihr nicht zuzuhören, als sie betont aufrecht vor dem Sofa stand und sich bemühte, die Fassung zu bewahren. Sie war irritierend förmlich. Sogar einen Notizzettel hielt sie in der Hand, sie hatte sich auf unser Gespräch vorbereitet, so als würden wir vor Gericht stehen, ich als Angeklagter und sie als Klägerin. Doch während sie sprach, blickte sie kein einziges Mal auf den Zettel. Wozu auch? Sie wusste ganz genau, was sie sagen wollte. Ich wusste es auch, wir beide wussten es. Unruhig trat sie von einem Fuß auf den anderen.

„Ich habe jetzt wirklich eine Menge Geduld mit dir gezeigt ... fühle mich ausgenutzt ... du zahlst schon seit Monaten keine Miete mehr ... wenn du deinen Job wieder hättest ... ich habe dich geliebt ... aber meine Gefühle sind nicht mehr dieselben ... habe wirklich gedacht, du kriegst das mit dem Trinken in den Griff, aber das war wohl eine Illusion, die ich mir gemacht habe und die ich jetzt loslassen muss."

Meine Hände umkrallten immer noch den Controller, während ich über die einzige Sache, der ich mir sicher gewesen war, endgültig die Kontrolle verlor. Fiona weinte nicht. Ich glaube, dass sie dieses Gespräch in ihrem Kopf schon unzählige Male durchgespielt hatte, im Grunde war sie schon seit langer Zeit nicht mehr da, nur an diesem Tag gab sie es zu. Ich protestierte nicht, weil Protest nutzlos ist, wenn man bereits verloren hat.

Ich nickte nur und sagte: „Ich verstehe dich."

Am selben Abend packte ich meine Sachen und zog für zwei Wochen in ein Hostel-Zimmer. Inzwischen lebe ich in einer Einzimmerwohnung, die ich mir gerade so leisten kann. Am Ende jedes Monats bleibt mir nur ein bisschen Geld. Immer wieder will ich es beiseitelegen, aber letztendlich bleibt es doch in der Kneipe liegen.

„Na ja, mit der richtigen Frau ...", Simon wirft mir einen Seitenblick zu und grinst, „Deine Schwester hat nicht zufällig schon genug von ihrem Mann, oder?"

Ich verdrehe die Augen. Der Witz ist allmählich zu alt, um darüber zu lachen, aber das kümmert Simon nicht sonderlich. Er hat nie einen Hehl daraus gemacht, wie attraktiv er meine Schwester findet, sie dagegen hat sich nie Mühe gegeben, ihre Abneigung gegen ihn zu verbergen.

„Na ja, jetzt mal ernsthaft, deine Schwester wäre perfekt. Aber da sie nicht zu haben ist," er grinst und hebt beide Arme hoch, „bleibe ich wohl Junggeselle."

Ich lache, weil ich mir einen verheirateten Simon einfach nicht vorstellen kann, doch Marc bleibt ernst.

„Ja, wenn die Richtige einen nicht will, ist das nicht schön."

„Verdammt", Simon schlägt ihm ein wenig zu fest auf die Schulter, „Lea ist eine Schlampe, die dich vor Jahren abserviert hat, wir hatten das doch schon. Sie ist es nicht wert, dass du immer noch um sie trauerst."

„Was verstehst du denn davon", brummt er.

Simon hebt nur die Schultern.

„Wenn das alles wirklich so ist, wie du sagst, bin ich froh, nichts davon zu verstehen."

„Du Glücklicher."

„Hört auf, ihr beiden", ich hebe die Hände und atme tief ein. Es fällt mir schwer, nicht zu schwanken, also lehne ich mich wieder gegen die Wand, „Eines ist euch nicht klar: Wisst ihr, diese verdammten Arschlöcher, die uns in der Schule wie Nichts behandelt haben, die uns für Loser gehalten haben, die haben auch verloren. Sie haben sich für Gewinner gehalten und vielleicht haben sie mehr als wir, aber dafür sind sie nicht frei."

Simon starrt mich an. Auch er wirkt inzwischen ein wenig benebelt.

„Und wer gewinnt dann dieses Spiel?"

„Niemand", Marc ist der Einzige, der noch mit klarer Stimme spricht, „Am Ende des Tages sind doch alle Außenseiter."

Simon rülpst zustimmend und wir verfallen in ein betrunkenes, angenehmes Schweigen. Träge starren wir in die Flammen, bis er vorschlägt, in der alten Kneipe eine Runde Billard zu spielen.

„Aber da ist es so viel kälter als hier", Marc betrachtet wehmütig das lodernde Feuer.

„Aber Billard gehört nun einmal dazu", sage ich und klopfe ihm auf die Schulter, „Na los."

Murrend steht Marc auf. Es fällt uns schwer, das Feuer zu löschen, aber niemand von uns lässt sich die Nervosität anmerken. Erst nachdem wir Unmengen Schnee auf die glühenden Scheite geschaufelt und Bier über die letzten Funken gegossen haben, erlischt es. Wir verlassen das Haus, durch das schon die Rauchschwaden ziehen, und laufen über die Straße. Der Asphalt ist uneben, einige Stellen sind vereist. Die Laternen stehen noch am Straßenrand, nur haben sie seit fast vierzig Jahren niemandem mehr den Weg durch die Dunkelheit gezeigt. Marc knipst eine Taschenlampe an, ihr kaltes Licht lässt den Schnee auf den Dächern blau leuchten. Die Kneipe liegt am Ende der Straße. Das Schild, das einst vor der Tür hing, wurde vor zwei Jahren vom Sturm verwüstet, der auch das Dach eines der Häuser abgetragen hat. Die Tür klemmt. Erst als Marc ihr einen kräftigen Fußtritt gibt, schwingt sie nach innen auf. Modergeruch weht uns entgegen. Simon hustet, ich rümpfe angewidert die Nase.

„Wir sollten ein bisschen lüften", sage ich schließlich. Die anderen beiden rütteln an den Fenstern, bis sie endlich aufgehen. Der

Wind zieht durch die Kneipe, wirbelt Staub auf und lässt uns frieren. Wir stellen uns hinter den Tresen und betrachten die hin- und her wirbelnden Schmutzwolken. Es ist schön anzusehen, bis Marc auf eine tote Ratte tritt und erneut diesen eigenartigen, überraschten Laut von sich gibt, während das Rückgrat des Tiers unter lautem Knirschen zermalmt wird, ein Geräusch, das mich würgen lässt. Wir lassen die Ratte an Ort und Stelle liegen.

Simon schließt die Fenster und zündet ein paar Kerzen an, die wir das letzte Mal hiergelassen haben. Auch sie brennen nur schwer, wahrscheinlich sind die Räume hier zu feucht. Als schließlich doch ein zögerlicher, schwacher Schein die Kneipe erhellt, schnappen wir uns die Queues und laufen zum Billardtisch. Marc beugt sich in eigenartig schiefer Haltung über den Tisch und beäugt kritisch die Billardkugeln, dabei weiß er genau, dass Simon gewinnen wird, weil er immer gewinnt. Und ich – ich schraube die Wodkaflasche auf, die Simon mitgebracht hat, und trinke, auch wenn der Alkohol mir kein leichteres Spiel ermöglicht. Aber wie haushoch ich im Billard unterliege, ist mir heute gleichgültig, denn am Dreikönigstag sind wir keine Verlierer und dürfen uns in unserem Revier wie die Größten fühlen. Zumindest eine Nacht lang, bis die Kälte uns am Morgen vertreibt und uns zurück in eine Welt schickt, in der wir unsichtbar sind.

Aufwachen

Das Aufwachen fühlt sich an wie ein Dröhnen, ein Echo, das Körper und Geist erschüttert. Meine Augenlider sind schwer. Langsam öffne ich sie wie ein müdes Tier. Grelles Licht blendet mich. Habe ich gestern Abend vergessen, die Lampe auszuschalten? Verwirrt blinzle ich erneut.

Doch das grelle Licht verschwindet nicht, es ist keine optische Täuschung, kein seltsamer Traum. Ich liege auf meinem Bett, das ich gestern mit dem frischen Laken und der blauen Bettwäsche bezogen habe, doch der graue Teppichboden darunter ist verschwunden. Verschwunden sind auch Schreibtisch, Kleiderschrank und der Nachtisch neben dem Bett. Vorsichtig setze ich meinen Zeh auf den Boden und erwarte, die weichen Fasern des Teppichs zu spüren, aber da ist nur ein kalter Fußboden. Ich senke meinen Blick und erkenne die hässlichen, braunen Fliesen wieder, die ich mit dem Teppichboden verdecken wollte, als ich in diese Wohnung gezogen bin. Gerne würde ich einen Blick auf den Wecker werfen, doch ebenso wie der Nachttisch ist er nicht hier. Langsam richte ich mich auf und eile zum Fenster, durch das der grelle Lichtstrahl fällt. Die Vorhänge sind nicht mehr an Ort und Stelle, dafür liegt die Straße wie gewohnt vor mir: die Bushaltestelle auf der anderen Seite, der Parkplatz, die Fahrräder, die vor dem Nachbarhaus stehen, der Paketbote, der von Tür zu Tür geht. Ich atme erleichtert aus und drehe den Fenstergriff. Nichts geschieht. Manchmal klemmt das Schlafzimmerfenster, dennoch überkommt mich ein beunruhigendes Gefühl, so, als bekomme die Leere des Zimmers ein Gewicht, das sich langsam auf mich überträgt. Ich atme durch. Die Luft hier ist verbraucht. Mein Hals kratzt. Ich bin durstig. Ausgezehrt.

Ich lasse den Fenstergriff los und durchquere hastig den Raum, als ginge es um Leben und Tod, als seien diese paar Schritte der Weg kurz vor dem Verdursten. Meine Hände greifen nach der

Klinke, drücken sie hinunter, bis die Außenseite auf den Fußboden zeigt, aber die Tür springt nicht auf. Mit ganzem Gewicht lehne ich mich gegen die Tür, doch sie bleibt unnachgiebig wie zuvor. Schließlich schlage ich dagegen und rufe deinen Namen, denn auch, wenn du nicht hier bist, bin ich mir sicher, dass du wieder zurück sein müsstest. Keine Antwort, kein Klicken der Tür, keine tröstende Umarmung. Du bist einfach nicht da.

Ich versuche, mich zu erinnern, ob du gestern Abend zuhause warst, ob du ausgegangen bist, ob wir einen Streit hatten. Doch da ist nichts, nur das vage Gefühl eines Fehlers, schmerzende Reue, die auf mir lastet und mich in die Knie zwingt. Ich sinke vor der Tür nieder, lege meine Hände auf das glatte Holz und bitte darum, dass du wiederkommst, auch, wenn ich mir nicht sicher bin, ob mich überhaupt jemand hören kann.

Schließlich lasse ich meine schmerzenden Hände sinken, weine, schreie deinen Namen. Doch niemand antwortet. Ich blicke zum Fenster hinauf. Die Scheibe ist schmutzig, fettige Fingerabdrücke prangen auf dem Glas. Sie sieht robust aus, wie sie über mir aufragt. Wie viel Kraft wäre wohl nötig, um sie zu zertrümmern?

Langsam sehe ich mich um und halte nach einem schweren oder spitzen Gegenstand Ausschau, mit dem ich das Glas zerstören könnte. Doch im Raum ist nichts außer mir, dem Bett und den weichen Kissen und Decken, die darauf ausgebreitet sind. Ich strecke meinen Arm aus und balle die schmerzende Hand zur Faust. Wie in Trance stehe ich auf und mache ein paar unsichere Schritte zum Fenster hin. Ich weiß genau, dass ich nicht die Kraft dafür haben werde, das Glas zu zerbrechen, dennoch ist sicher, dass ich es versuchen werde. Vor dem Fenster bleibe ich stehen, hebe meinen Arm, ziele und …

Mit einem dumpfen Geräusch schmettert meine Faust gegen die Scheibe. Ich spüre einen stechenden Schmerz in meinen Fingerknöcheln, das Glas ist jedoch unversehrt und zeigt nicht den kleinsten Sprung. Überrascht bin ich nicht, schließlich habe ich mit nichts anderem gerechnet, dennoch überwältigt mich die

Enttäuschung. Ich sinke auf den Boden und taste mich mit meinen Armen rückwärts durchs Zimmer, bis meine Hände gegen die Bettkante stoßen. Erschöpft lasse ich mich auf der Matratze nieder und versuche ruhig zu atmen. Ich ermahne mich selbst, nicht mehr zu weinen, ich bin bereits genug geschwächt. Doch ich kann nicht verhindern, dass meine Gedanken mit beängstigender Geschwindigkeit rasen, sich überschlagen. Fragen bekämpfen einander, eine von ihnen drängt sich in den Vordergrund, wie ein gieriges Ungeheuer, und verlangt brüllend nach einer Antwort: ‚Warum bist du nicht hier? Warum bist du nicht hier?'

Ich halte mir mit beiden Händen den Kopf und versuche krampfhaft, mich zu erinnern. Doch die Erinnerungen entgleiten mir, sobald ich sie fassen will. Was kann ich getan haben, dass du gestern einfach verschwunden und nach wie vor nicht zurückgekehrt bist?

Du bist alles andere als ungnädig und verzeihst schnell. Ich raufe mir die Haare. Ich muss dich sehr verletzt haben, anders kann ich mir das nicht erklären. Doch selbst, wenn ich dich zutiefst gekränkt habe, sieht es dir nicht ähnlich, ohne eine Erklärung zu verschwinden und nicht wiederzukommen.

Was dir stattdessen ähnlichsehen würde: die ganze Nacht mit mir zu diskutieren. Dich aufzuregen. Mich davon zu überzeugen, dass ich unrecht habe. Mich nicht schlafen zu lassen, bevor wir nicht geklärt haben, was zwischen uns steht. Das wäre deine Art.

Ist es Zufall, dass Fenster und Tür verschlossen sind? Ich versuche, nicht daran zu denken, dass du mich hier eingesperrt haben könntest, denn auch, wenn du der Einzige bist, der sonst die Wohnung betritt, halte ich dich für nicht dazu fähig.

‚So, nicht dazu fähig', sagt diese Stimme in meinem Kopf, die ich nicht mehr überreden kann, zu schweigen, ‚Sagst du nicht selbst immer, dass jeder Mensch zu allem fähig ist, je nachdem, was ihm geschieht. Wer weiß, was du gemacht hast, wenn er dich so bestraft.'

„Er würde mich nie bestrafen", antworte ich laut. Eine Sekunde später komme ich mir seltsam vor: Eine erwachsene Frau, die nicht dazu in der Lage ist, ihr Zimmer zu verlassen, die Stimmen in ihrem Kopf antwortet. Als ich daran denke, dass niemand hier ist, der mich seltsam finden könnte, steigen mir erneut die Tränen in die Augen.

In der Hoffnung, es könne mich beruhigen, erhebe ich mich und fange an, auf und ab zu gehen. Doch das Zimmer ist klein und mir wird schnell schwindelig, weil ich mich unaufhörlich im Kreis drehen muss.

Ich werfe einen Blick nach draußen. Die Passanten eilen, nein stürmen, in die eine oder andere Richtung, niemand spaziert gemütlich durch die Straßen. Die meisten haben ihren Blick entweder geradeaus oder auf das Pflaster gerichtet, keiner schaut nach rechts oder nach links.

‚Dreht sich auch nur ein Einziger um und sieht hinauf zu mir?', frage ich mich, während die Stimme in meinem Kopf hämisch kommentiert: ‚Vergiss es!'

Ich schwenke beide Arme durch die Luft, schreie laut um Hilfe, aber meine Stimme kann das hämische Lachen nicht übertönen, das nur ich höre. Zwar komme ich mir albern vor, aber wie heißt es so schön: Die Hoffnung stirbt zuletzt. Niemand hebt auch nur seinen Kopf. Alle laufen weiter, die Hände in den Taschen vergraben, den Blick starr auf andere Dinge gerichtet, die Aufmerksamkeit auf ein Minimum beschränkt.

Ich weiß nicht, wie lange ich am Fenster stehen bleibe. Bis das Licht schon wieder schwächer wird und die Straßen voller werden, verharre ich an Ort und Stelle. Alle kehren zurück nach Hause, vielleicht zu ihren Familien, doch ich stehe immer noch allein und verloren dort, wo mich niemand sehen kann. Schließlich lasse ich mich wieder aufs Bett sinken und blicke zur Zimmerdecke. Langsam drängt sich eine Frage in mein Bewusstsein, die mich sogar mehr quält als das ‚Warum'. Es ist die Frage: ‚Was, wenn?'

‚Was, wenn er mich wirklich bestrafen will? Was, wenn er mich gar nicht bestrafen will, ihm aber etwas zugestoßen ist? Was, wenn er nicht mehr wiederkommt? Was, wenn niemand weiß, dass ich hier bin? Was, wenn niemand kommt, um mich zu retten? Was, wenn ... was, wenn ... was, wenn ...', wie ein sich steigerndes Mantra hallen die Fragen in meinem Kopf wider. Ich schließe erschöpft die Augen. Meine Kehle brennt. Was würde ich für einen Schluck Wasser geben ... auch wenn ich gerade nicht viel geben kann, denn wie es aussieht, habe ich nichts mehr zu verlieren außer mir selbst. Zählt das als etwas Wertvolles?

Ich drehe meinen Kopf zur Seite und sehe, wie die Sonne über den Dächern der Stadt versinkt. Wie lange wird es dauern, bis ich verdurste? Höchstens drei oder vier Tage kann ein Mensch ohne Wasser überleben, eine lächerlich kurze Zeitspanne, wenn man bedenkt, wie lange manche Tiere diesen Zustand aushalten können. Es quält mich bereits ein brennender Durst, doch das ist nur der Beginn eines qualvollen Prozesses. Erst wird das Blut zäher und die Gefäße weiten sich, die Haut trocknet aus. Nach zwei Tagen dann Nierenversagen. Die Haut verfärbt sich und der Atem riecht nach Urin, weil der Körper ihn nicht mehr ausscheiden kann. Giftstoffe lassen die Nervenzellen absterben, bis ich ins Koma falle. Dann der Kaliumüberschuss, der mich töten wird.

Es gäbe wirklich bessere Arten zu sterben.

Ich sehe mich um. Nichts in diesem Zimmer bietet mir eine einfachere Art, dieses Leben zu verlassen, es sei denn, ich würde meinen Kopf mit aller Kraft gegen die Wand oder den Bettpfosten schlagen. Allerdings habe ich Angst vor den Schmerzen. Ausharren ist wohl die einzige Option.

Mein Kopf schmerzt und die Farbflecken vor meinen Augen beginnen zu tanzen. Ich bin ziemlich dehydriert, ziemlich desillusioniert. Ist das gerecht? Womit habe ich das verdient? Ich fühle mich zu schwach zu kämpfen, zu hinterfragen. Ich möchte nicht mehr weinen, immerhin ändert es nichts daran, dass ich mich nur dem Warten ergeben kann, ein Weg, an dessen Ende entweder meine Rettung oder mein Tod wartet. Also verschränke ich die Arme hinter meinem Hinterkopf, starre an die Decke und warte.

Es ist schon dunkel, als sich die Tür öffnet und ein Lichtstrahl ins Zimmer fällt. Ich reiße die Augen auf und starre dich verängstigt an, als du dich neben mein Bett stellst. Du bist größer als ich, stärker. Ein Teil von mir will dich umarmen, sich freuen, dass du da bist, dir danken, dass du mich befreit hast. Doch da gibt es einen anderen Teil von mir, der abwägt, ob ich dich schlagen, dich anschreien oder einfach die Flucht ergreifen soll, wenn sich mir die Möglichkeit bietet. Du hebst deine Hand, ich zucke zusammen.

„Was ist denn los?", fragst du mich.

Ich schüttle den Kopf.

„Nein?"

„Nein."

„Warum antwortest du mit ‚nein'? Und warum schaust du mich so verstört an?"

Ich antworte nichts. Meine Augen huschen von der Tür zu dir und zurück. Nur ein paar Schritte. Vielleicht sollte ich es einfach tun.

„Geht es dir besser?"

Es gäbe viele Arten zu reagieren. Ich könnte dich fragen, was das alles soll. Stattdessen frage ich nur dümmlich: „Was?"

„Du wolltest doch, dass ich dich in Ruhe lasse, damit du dich ausruhen kannst."

Ich lege den Kopf schief und mustere dich, so als sähe ich dich zum ersten Mal.

„Ach ja, wollte ich das?"

Du siehst mich verwundert an.

„Ja. Deshalb habe ich dich so lange schlafen lassen."

„Du hast mich nicht gehört?"

„Na ja, ich war heute Morgen arbeiten und nachmittags kam ich wieder, aber da habe ich nichts gehört und dachte, ich lasse dich schlafen."

Du siehst mich besorgt an.

„Erinnerst du dich denn nicht mehr?"

Ich zucke mit den Schultern. Du legst dich neben mich auf die

Matratze und legst deinen Arm um mich. Ich weiche dir nicht aus und bleibe einfach starr und ungerührt liegen, während wir ratlos schweigen. Als du mich fragst, warum die Tür denn verriegelt war, kann ich es dir nicht sagen.

Gestalten am Denkmal

„Der Film konstruiert eine Zeitschleife um die Protagonistin. Wieder und wieder durchlebt sie einen gewöhnlichen Tag, doch vereinzelte Details stimmen nicht überein. Bald beginnt sie, an ihrer Wahrnehmung zu zweifeln ...“

Meine Lippen formen die Worte des Artikels nach, vor allem an dem Ausdruck ‚Zeitschleife‘ bleibe ich hängen.

„Zeitschleife“, murmle ich fasziniert, „Zeitschleife.“

„Ist alles in Ordnung bei Ihnen?“

Die fremde Stimme erschrickt mich. Schuldbewusst und peinlich berührt sehe ich auf und blicke in das Gesicht des freundlichen Herren mittleren Alters, der mir im Abteil gegenübersitzt. Vor sich hat er ein Glas Rotwein stehen und auf einem kleinen Pappteller zerteilt er ein Stück Flammkuchen.

Ich huste, versuche mich zusammenzureißen und nicht gierig zu schnüffeln, weil der Geruch nach gebratenem Speck und Zwiebeln nun einmal der beste auf der Welt ist. Aber ich möchte nicht, dass er meinen Hunger bemerkt, sonst würde er wieder versuchen, mich auf ein kleines Abendessen oder ein Getränk einzuladen und ich habe gerade keine Lust zu flirten, um mein schlechtes Gewissen zu bereinigen.

Also beiße ich die Zähne zusammen und schaue aus dem Fenster. Seit einer Viertelstunde steht der Zug im Bahnhof einer Kleinstadt, weder Ost noch West, weder Nord noch Süd, undefinierbare Mitte, für mich kein bekanntes Terrain. Ich kann nur das Schild erkennen, ein kleines Dach, eine Bank, auf der ein paar Jugendliche sitzen und ziellos in die Gegend starren. Ich kann sie verstehen, zwar sehe ich wenig von der Stadt, aber ich kann mir nicht vorstellen, dass sie allzu viele Aufregungen bietet.

„Sie haben meine Frage nicht beantwortet“, bemerkt der Herr und schiebt sich ein großes Stück Flammkuchen in den Mund. Ich schaue verlegen weg.

„Habe ich nicht? Tut mir leid.“

„Das muss Ihnen nicht leidtun, Sie müssen sich auch nicht unterhalten, wenn Sie nicht wollen."

Schon wieder ist er so freundlich, dass ich mir sofort wie ein Unmensch vorkomme.

„Nein, so meinte ich das nicht", ich schiebe das Magazin beiseite.

„Lesen Sie gerne?"

„Das Magazin lag hier schon herum, als ich in Berlin in den Zug gestiegen bin," bemerke ich, „ist aber trotzdem ziemlich langweilig. Und Sie? Lesen Sie gerne?"

Er neigt den Kopf.

„Eigentlich schon. Ich habe nur wenig Zeit."

„Hat irgendjemand viel Zeit?"

„Ich kenne nur wenige, auf die das zutrifft. Außer auf meine Nichte vielleicht. Sie studiert im zwanzigsten Semester. Die hat vielleicht ein bisschen mehr Zeit als andere."

„Haben Sie Familie?", frage ich.

Er schüttelt den Kopf.

„Nie geheiratet, keine Kinder. Auch keine Lebensgefährtin, wenn Sie das wissen wollen."

„Eigentlich nicht", antworte ich so leise, dass er es nicht hören kann.

„Sieht so aus, als würden wir hier noch eine Weile festsitzen."

„Na toll", ich seufze und strecke meine Beine aus, „Dann komme ich ja erst mitten in der Nacht an."

„Wo müssen Sie denn hin?"

„Ich glaube nicht, dass Sie den Ort kennen. Liegt im Schwarzwald, nicht weit von Freiburg entfernt."

„Aber wie heißt die Stadt?"

Zögerlich spreche ich den Namen aus, so, als würde es Unglück bringen. Ich habe eine verwirrte Frage erwartet oder ein ratloses Schulterzucken. Nicht erwartet habe ich, dass der Fremde lächeln und auf einen seiner Freunde verweisen würde.

„Der Achim hat da mal eine Kur gemacht, wegen seiner Hüfte. Ich habe ihn besucht, aber das ist schon zehn Jahre her."

Zehn Jahre. Da war ich vierzehn Jahre alt. Aber das sage ich ihm natürlich nicht. Ich weiß zwar, dass es nicht peinlich sein sollte, trotzdem fühlt es sich so an.

„Ein hübsches Städtchen. Viele Rehakliniken, oder?"

Ich nicke. „Ja. Aber vor zehn Jahren war die Stadt noch schöner, als sie es heute ist. Heute gibt es dort mehr Kranke als Einwohner und alles ist überteuert. Ein paar Wellnesshotels haben auch aufgemacht, allerdings ziemlich spießige."

„Kennen Sie die Stadt?"

Ich sehe wieder aus dem Fenster.

„Ich bin dort aufgewachsen."

„Sie reden aber schlecht über ihre Heimatstadt."

„Tja, man kann sich nicht aussuchen, wo man aufwächst, oder?"

Der Mann neigt den Kopf.

„Ist nicht das Wie entscheidender als das Wo?"

Ich nicke und behalte meinen Einwand für mich, nämlich, dass man ‚Wie' und ‚Wo' in diesem Fall kaum voneinander trennen kann. Es ist eine spezielle Sorte von Menschen, die in dieser Kleinstadt lebt. Diejenigen, die anders sind, laufen weg, so schnell und so weit sie können, so wie ich es vor Jahren tat. Ob die Stadt diejenigen formt, die dortbleiben, oder ob es einen bestimmten Charakter braucht, um dort bleiben zu können, ist mir nicht klar.

Ich lege das Magazin in meine Tasche, auch wenn ich vermutlich keine weitere Zeile lesen werde, und packe meinen Laptop aus. Der Bildschirm leuchtet im Halbdunkel. Ich habe noch zwei Tage Zeit, um meinen Artikel zu schreiben. Der Curser blinkt vor meinen Augen hämisch auf, so als wolle er mich wegen meiner Einfallslosigkeit verhöhnen. Das blanke, leere Word-Dokument. Mein schlimmster Feind.

„Woran arbeiten Sie?"

Ich balle kurz die Hände zu Fäusten, weil der Fremde mir allmählich ein wenig auf die Nerven geht.

„An einem Artikel."

„Sind Sie Journalistin?"

„Nicht richtig."

„Nicht richtig?"

„Ich schreibe einen Artikel für meinen Blog, den außer meiner Freundin so gut wie niemand liest."

„Und worum geht es in ihrem Artikel?"

„Dieses Mal soll es um Heimat gehen. Um das, was man empfindet, wenn man in die Stadt zurückkehrt, in der man aufgewachsen ist."

„Aha. Und in welche Richtung wird das gehen?"

„Ich weiß es nicht", antworte ich schließlich, „Ich weiß nicht, was ich empfinde, wenn ich zurückkehre."

Eine Lüge. Ich empfinde vieles, wenn mich der Zug nach Süden trägt. Ich vermisse jetzt schon Berlin, meine Wohnung, meine Katze, die von meiner Freundin versorgt wird, solange ich weg bin. Ich bin müde, weil ich überarbeitet bin, und enttäuscht, weil ich lieber übers Wochenende mit Carla wegfahren würde, anstatt an der langen Tafel im ‚Stern' zu sitzen und langweiligen Reden zu lauschen. Mir ist ein wenig schlecht vom Ruckeln des Zuges, auf der Zunge liegt noch der Geschmack des Mittels, das gegen die Übelkeit helfen soll, aber seltsamerweise in der Kehle wie Schnaps brennt. Ich bin genervt von meinem Mitreisenden, auch wenn seine Freundlichkeit auf eigenartige Weise rührend ist. Und ich weiß, dass ich das Lügen satthabe.

Meine Finger senken sich auf die Tastatur, dreschen Phrasen, die mir durch den Kopf schwirren, halten Gefühlsfetzen fest, die nichts Ganzes ergeben wollen, und bin alles andere als zufrieden. Ich atme tief ein und nehme einen Schluck aus meiner Wasserflasche.

Der Fremde beobachtet mich immer noch.

„Ich könnte das nie."

„Was denn?"

„Gute Texte schreiben."

‚Dann ist es von Vorteil, dass es meine Aufgabe ist und nicht deine', denke ich und nicke höflich.

„Ich war nie gut in Deutsch. Bis heute habe ich keine Kommaregeln kapiert."

Der Fremde putzt seine Brille und streicht sich über das

schüttere, graue Haar. In seinem Schnauzbart hat sich ein Stück Zwiebel verfangen. Ich muss mir Mühe geben, nicht zu lachen.

„Sie haben da ein wenig Essen im Bart", ich deute mit meinem Finger auf einen Punkt über meiner rechten Oberlippe. Verlegen sieht mein Mitreisender weg.

„Entschuldigen Sie, das ist mir jetzt peinlich."

„Es muss Ihnen nicht peinlich sein", ich lächle, bin aber erleichtert, als der Essensrest aus seinem Gesicht verschwindet.

Ich schließe Kopfhörer an den Laptop an und spiele eine melancholische Klavierplaylist ab, weil das manchmal hilft, wenn ich andere Menschen anstrengend finde. Das Word-Dokument füllt sich mit einfallslosen Sätzen. Irgendwann verlässt der Mann das Abteil und kommt nicht wieder. Ich wundere mich, dass er sich nicht verabschiedet hat, bis mir einfällt, dass ich Kopfhörer trage und seinen Gruß gar nicht hätte hören können.

Mein Bruder wartet auf dem Parkplatz am Bahnhof, als der Zug kurz vor Mitternacht ankommt. Er lehnt an seinem BMW, die Arme verschränkt. Unsere Begrüßung fällt unterkühlt aus, vielleicht liegt es daran, dass er so tut, als sei die Zugverspätung allein meine Schuld. Ich kenne seine Neigung, seiner jüngeren Schwester die Schuld an allem zu geben, nicht einmal vor dem Weltuntergang würde er haltmachen. Auch wenn es mich nicht überrascht, bin ich verärgert, sodass wir uns die ersten Minuten im Auto anschweigen.

Ich bitte meinen Bruder, die Heizung einzuschalten, doch er schüttelt wortlos den Kopf. Diskutieren brauche ich mit ihm nicht, ich muss kein Genie sein, um dieses Fossil aus unserer Kindheit wiederzuerkennen, das vielleicht versteinert sein mag, aber immer wieder auftaucht: brüderliche Machtdemonstration. Eine Erinnerung daran, dass ich eine kleine Schwester bin, nur ein Meter sechzig groß, dreiundfünfzig Kilo schwer, dass ich weit weg wohne und dankbar sein muss, dass man mich hier noch kennt. Dass die Leute hier darüber lachen, wie ich meinen Lebensunterhalt verdiene.

Dass ich dagegen nicht ankämpfen sollte, weiß ich schon, seitdem er mich als Achtjährige stundenlang in einen Kleiderschrank sperrte, also schweige ich und denke daran, wie er damals seinen Freunden verbot, mit mir zu sprechen. Ausnahmslos gehorchten sie, nicht umsonst nennt mein Vater meinen Bruder ein ‚Alphatier', vielleicht auch, weil er weiß, wie sehr mir dieser Begriff zuwider ist. Alphatier. In meinen Ohren klingt das brutal, fast faschistisch und das weiß er auch.

Ich wickle mir meinen Schal enger um den Hals und denke daran, dass ich meine Großmutter später bitten werde, mir eine heiße Zitrone zu machen. Sie steht ganz oben auf der Liste der guten Dinge, die mich erwarten, wenn ich hier bin. Ganz oben auf der Liste der schlechten Dinge steht niemand anderes als ich selbst, denn ich mag mein Heimat-Ich nicht. Nicht einmal meinen alten Namen mag ich, weil er so brav klingt: Stefanie. Seitdem ich in Berlin lebe, benutze ich meinen zweiten Vornamen, Johanna, und verbiete jedem, mich Steffi zu nennen.

Ich weiß, warum mich der Begriff der Zeitschleife im Zug so fasziniert hat, denn sobald ich hier bin, ist das Rasen der Zeit außer Kraft gesetzt und ich drehe mich im Kreis. Hier existiert kaum eine Idee meines heutigen Ichs, der gutgelaunten Cafébetreiberin, der Bloggerin, der Freundin. Stattdessen habe ich den Eindruck, verschiedene Versionen meines Selbst zu tragen und abzulegen, so als würde ich Mäntel an- und wieder ausziehen. Ich fühle mich wie das laute, rebellische Kind, wenn ich mit meinem Vater über Politik diskutiere, ich fühle mich wie der eingeengte Teenager, wenn mein Bruder mich über mein Liebesleben verhört. Und ich fühle mich wie das unsichere, einsame Mädchen, wenn meine Großmutter mir einen Tee kocht und ihn ans Bett stellt, weil das ihre Art ist, mich zu fragen, ob ich glücklich bin. Wenn ich glücklich bin, erinnere ich sie daran, dass ich Tee nicht besonders gut leiden kann. Wenn ich es nicht bin, trinke ich ihn ohne Kommentar und sie weiß Bescheid.

Andreas schaltet das Radio ein und lacht über einen Witz, den die Moderatorin in einer Lokalsendung macht. Ich weiß nicht einmal, wann ich das letzte Mal Radio gehört habe.

„Wie geht es Maria und den Kindern?“, frage ich.

Er zuckt mit den Schultern, wie er es immer tut, wenn ich ihn nach seiner eigenen Familie frage. Ich kannte Maria schon, bevor sie mit meinem Bruder zusammen war. Sie ging auf die gleiche Schule, ein paar Klassen über mir, ein stilles Mädchen, auf eine biedere Weise hübsch, wenn einem das gefiel. Mir gefiel sie nicht. Mein Bruder wurde mit vierundzwanzig Jahren Vater, kurz, nachdem ich nach Berlin gezogen war. Das erste Kind war ungeplant, trotzdem bekamen sie ein zweites und heirateten drei Jahre später. Vermutlich weiß Maria, dass mein Bruder sie betrügt, zumindest weiß es die gesamte Gegend. Ich habe es auch erst durch den Klatsch erfahren. Mein ehemaliger Klassenkamerad Martin erzählte es mir mit zufriedenem Grinsen, als ich das letzte Mal an der Tankstelle Wodka kaufte, doch das traf mich nicht sonderlich.

Die Stimmung zwischen meinem Bruder und mir bestand schon immer aus Antipathie und gemeinsamen Erinnerungen – genug, um immer verbunden zu sein, zu wenig, um sich eines Tages vielleicht doch zu mögen.

„Wir haben unsere Differenzen“, sage ich immer, wenn man mich nach Andreas fragt. So könnte man es ausdrücken. Ich nenne ihn einen Sexisten und Alkoholiker, er nennt mich eine naive Idiotin mit schlechten Berufsaussichten, wahlweise auch ein Flittchen.

Ich atme durch und versuche, mich mit Andreas Augen zu sehen: Die kleine, fremde Schwester, die sich jahrelang beschwerte, dass in der Stadt nichts los war, aber alle Volksfeste mied, die nicht gerne Bier trank und die sich stundenlang über Stammtischparolen aufregte, die sich für etwas Besseres hielt und die ihn beschuldigte, zu grob zu seinen Kindern zu sein. Die kleine Schwester, die sich nicht anpassen konnte …

Ein grelles Licht, das vor der Windschutzscheibe aufleuchtet, schreckt mich aus meinen Gedanken auf. Ein lautes Hupen, mein Bruder, der dem anderen Fahrer eine Beleidigung entgegenbrüllt, die er nicht hören kann, und ich bin wieder in der Realität, in der ich Andreas einfach als Mensch nicht mag und in der ich mich frage, wie Verwandtschaft es möglich macht, derart verschiedene Menschen so lange zusammenzuhalten, auch wenn es ein brüchiges Gerüst ist, das schon bei einem leichten Beben heftig schwankt.

Andreas setzt den Blinker. Ich zucke unwillkürlich zusammen, als er auf die Tankstelle zusteuert, jedoch an den Zapfsäulen vorbeifährt.

„Hol mir mal einen Tabak, Schwesterchen“, er grinst, „Immerhin hole ich dich ab, dann kannst du auch was für mich machen.“

Ich seufze und steige aus. Wie erwartet, steht Martin hinter der Theke und grinst, als die Türen beiseite schwingen und ich hereinkomme.

„Steffi, na so was, lässt dich auch mal wieder blicken.“

„Martin“, ich nicke ihm nur reserviert zu, deute auf den Tabak, den ich haben möchte.

„Bitte und danke sagt man in Berlin wohl nicht.“

„Nein, das machen wir da oben nicht“, ich lege die Münzen passend auf den kleinen zugehörigen Teller, „Spart Zeit.“

Ich drehe mich um und erschrecke mich, als ein bekanntes Gesicht mir zulächelt. Ich erwidere das Lächeln nicht, nehme den Tabakbeutel und stürme aus der Tankstelle.

„Danke Schwesterchen“, flötet Andreas, als ich mich wieder auf den Beifahrersitz fallen lasse. Ich schneide eine Grimasse.

„Gleich frech werden, ja?“, brummt er und ich sage auf der ganzen Fahrt nichts mehr, denn ein gereizter Andreas ist nicht die Begleitung, die man sich wünscht. Schließlich durchqueren wir die Innenstadt, bis wir vor dem Haus meiner Großmutter stehen.

„So da wären wir“, er stellt das Auto im Innenhof ab.

„Danke fürs Abholen.“

„Ja ja, aber den Koffer trägst du schön selbst. Wir sind ja ganz emanzipiert, oder?“

Ich starre ihn fassungslos an, obwohl das absolut typisch für Andreas ist, doch das ist es nicht, was mich sprachlos macht. Aus der Fassung bringt mich die hämische Stimme in meinem Hinterkopf: ‚Und du dachtest wirklich, du könntest es ihm sagen?‘

Tränen schießen mir in die Augen. Ich hasse mich dafür, aber Selbstverachtung hält einen auch nicht vom Weinen ab. Mein Bruder seufzt genervt, als er es bemerkt.

„Was ist denn jetzt schon wieder?", brummt er, „Mein Gott, was seid ihr Frauen denn immer so empfindlich?"

Ungelenk zieht er mich in seine Schraubstockumarmung und ich schnappe nach Luft, als er mir auf die Schulter boxt.

„Geh rein, ist schon gut. Die Oma hat für dich etwas vom Abendessen aufgehoben, wenn du Hunger hast."

Ich nicke. Andreas setzt ein halb versöhnliches, halb verkniffenes Gesicht auf. Meinen Koffer trägt er trotzdem nicht. Ich packe den Koffer mit beiden Händen und schleppe ihn über Treppe und Veranda, bis ich ans Küchenfenster klopfen kann. Die Tür öffnet sich nach innen und sofort werde ich in noch eine Schraubstockumarmung gepresst, auch wenn sie mir dieses Mal liebevoller vorkommt, vielleicht auch, weil meine Großmutter nach dem Bratfett riecht, das sie immer zum Kochen verwendet.

„Gut siehst du aus", sagt sie und ich strahle, weil es das erste Freundliche ist, was jemand zu mir sagt, seitdem ich wieder den Schwarzwald sehen kann.

„Hast du Hunger?", fragt sie mich und ich nicke heftig.

„Du Arme, du bist ja stundenlang Zug gefahren", sie hantiert an ein paar Kochtöpfen herum, „Rindsrouladen isst du noch?"

Ich nicke noch energischer, während mein Magen knurrt. Es amüsiert mich, wie meine Großmutter mich immer fragt: „Isst du das noch?", weil mein Bruder ihr eingetrichtert hat, dass alle Großstädter mindestens Vegetarier, vielleicht sogar Veganer, sind und Fleischesser für Mörder halten.

Der Geruch nach gebratenem Speck und Bratensoße zieht durch die Küche. Ich nehme Platz auf der Sitzbank, die immer noch mit den gleichen, hässlichen, braunen Kissen gepolstert ist, und betrachte meine Großmutter, klein und schlank, wie sie in kurzen, schnellen Schritten in den Flur hinauseilt und nach meinem Vater ruft. Strahlend betritt sie die Küche wieder. Ich erinnere mich daran, wie mein Vater einmal über meine Großmutter sagte: „Die überlebt uns alle", und gebe ihm insgeheim recht, denn sie kommt mir unverwüstlich vor, sie, die zwei Mal in der Woche schwimmen geht und regelmäßig den Hund ausführt, während ich schon Seitenstechen bekomme, wenn ich zur U-Bahn renne, und Andreas regelmäßig vor lauter Raucherhusten fast erstickt.

Meine Großmutter rührt unter zischenden Geräuschen im Topf. „Ist gleich fertig", sie lächelt mich an. Ich nicke und lasse meinen Blick durch die Küche schweifen, die sich in vierundzwanzig Jahren kaum verändert hat: In den Schränken findet man immer noch das Porzellan und das inzwischen verkratzte Silberbesteck meiner Urgroßmutter, an den Wänden hängen alte Schwarz-Weiß-Fotos, auch ein paar Aufnahmen in Sepia. Die alten Familienfotos haben etwas Eingefrorenes, Statisches, sogar die lächelnden Gesichter wirken förmlich.

Meine Großmutter schöpft Rinderrouladen und Kartoffeln auf meinen Teller und stellt ihn vor mir ab, als mein Vater die Küche betritt. Ich habe das Bedürfnis, mich zu erheben und ihn zu begrüßen, doch er verschränkt die Arme vor der Brust.

„Wir haben dich früher erwartet."

„Nicht schon wieder", brumme ich.

„Was?"

„Kann ich denn was dafür, wenn der Zug ausfällt?", ich gieße mir etwas Wasser ein.

„Musst ja nicht gleich so ausrasten", mein Vater lehnt sich zurück.

„Entschuldige, aber was war denn daran bitte ausrasten?"

„Lass Sie in Ruhe, Albert", meldet sich meine Großmutter zu Wort, „Streiten könnt ihr später. Jetzt lass sie erst einmal essen. Sie muss doch erstmal ankommen."

„Danke", ich lächle ihr zu. Sie sieht weg, aber ich kann erkennen, wie ihr Mundwinkel sich leicht hebt, aber nicht zu auffällig, damit mein Vater es nicht bemerkt.

„Wie läuft es in Berlin?", fragt mein Vater wie immer.

„Gut", erwidere ich wie immer. Ich kann meiner Großmutter ansehen, dass es ihr schwerfällt, nicht die Augen zu verdrehen.

Die Rinderrouladen sind köstlich. Ich versuche mich allein auf den Geschmack zu konzentrieren und das penetrante Schweigen meines Vaters auszublenden, was mir nur teilweise gelingt. Schließlich lege ich die Gabel mit einem klappernden Geräusch auf dem Teller ab. Meine Großmutter räumt ab und begleitet mich aus der Küche, während mein Vater schweigend auf der Bank sitzen bleibt.

„Schön, dass du da bist", sagt meine Großmutter. Ich lächle, sie bietet mir den Arm an und führt mich über den Flur ins Gästezimmer, das einst das Kinderzimmer meines Vaters war. Ein paar Schwarz-Weiß-Fotografien aus den Siebziger Jahren zeigen ihn als jungen Mann mit langen Haaren und Schlaghose, ein paar Kinderbücher stehen im Regal, ansonsten deutet nichts auf seine einstige Anwesenheit hin. So wie ich ihn kenne, hat er vermutlich das Zimmer ausgeräumt und die einzigen Relikte aus der Vergangenheit sind kleine Bruchstücke, die meine Großmutter vor dem Vergessenwerden retten konnte. Ich schleife meinen Rollkoffer über die Schwelle. Meine Großmutter zieht die Bettdecke glatt. Ich lächle, als ich das Muster der Bettwäsche wiedererkenne, blaue Blumen und gelbe Streifen auf weißem Grund.

„Schlaf gut, Liebes", meine Großmutter lächelt, „Du weißt, Frühstück gibt's um sieben."

„An einem Samstag", stöhne ich, aber sie geht nicht darauf ein.

Sie zieht die Tür hinter sich zu und ich lasse mich auf das Bett sinken. Die Bettwäsche riecht nach Waschmittel und ist perfekt glattgezogen. Ich wette, dass meine Großmutter sie gebügelt hat. Mein Vater hat noch nie in seinem Leben eine Waschmaschine benutzt und mein Bruder bringt keine essbare Mahlzeit zustande, aber meine Großmutter hält seit Jahren das Haus perfekt sauber und verspätet sich mit den Mahlzeiten um keine einzige Minute. Frühstück um sieben. Mittagessen um zwölf. Abendessen um sechs. Ich ziehe meine Schuhe aus und lege die Beine hoch aufs Bett. Von meinem Platz aus sieht mich mein siebzehnjähriger Vater an und ich frage mich, ob er damals davon träumte, irgendwann aus diesem Haus auszuziehen. Vielleicht wollte er dieses Haus, diese Stadt verlassen. Er schaffte es letztendlich nur in den ersten Stock. Mein Vater behauptet, er lebe nach wie vor in diesem Haus, um auf meine Großmutter aufzupassen, aber jeder weiß, dass das nicht stimmt. Die meiste Zeit scheint sie eher auf ihn aufzupassen. Sie hadert nicht damit, erst ihrem Ehemann und dann ihrem Sohn jahrelang den Haushalt geführt zu haben.

Ich erhebe mich und klappe meinen Koffer auf. Das blaue Kleid, das ich in Berlin nie trage, weil es zu steif, zu förmlich wirkt, hänge ich in den Schrank, die Stiefel stelle ich ordentlich in die Ecke, wie ich es zuhause nicht tun würde. Ich werfe einen Blick auf mein Handy. Neue Nachrichten von Carla.

Um 22.01 Uhr: „Bist du noch unterwegs?“, dann um 23.20 Uhr: „Es wird alles gut“.

Ich mag es nicht, wenn Menschen diesen Satz aussprechen, so als ob das in ihrer Macht stünde. Ich packe meine Bücher aus, auch wenn ich ahne, dass ich hier weniger zum Lesen kommen werde, als es mir recht ist. Dann gehe ich in das kleine Bad, das mein Bruder vor einem Jahr selbst renoviert hat. Über dem Waschbecken hat er einen neuen Spiegelschrank angebracht, den Duschvorhang hat er durch eine Glaskabine ersetzt. Der Inhalt des Spiegelschranks ist immer noch der gleiche: Flüssigseife, Nivea-Creme und diese salzhaltige Zahnpasta, von der meine Großmutter behauptet, dass sie ihr die guten Zähne verdanke. Ich putze mir die Zähne, ekle mich vor dem Salzgeschmack und denke daran, dass ich mich immer noch hellwach fühle, während alle anderen im Haus vermutlich schlafen. Schließlich schlüpfe ich in meinen Schlafanzug, schreibe Carla, dass ich sie liebe, und klappe meinen Laptop auf. Ich spüre jetzt schon, wie das Grauen wieder da ist, das jedes Mal an die Tür dieses eigenartigen Zimmers klopft, wenn ich wieder in diesem Haus bin, das sich anscheinend nie verändert, und ganz gleich, wie schnell die Zeit in Berlin läuft und alles auf den Kopf stellt, immer hier auf mich wartet, um mich zurück in die Vergangenheit zu werfen. Ich durchsuche meine Festplatte nach meinen Lieblingsfilmen, nach Klischees in bewegten Bildern und entscheide mich für ‚Frühstück bei Tiffany‘. Zwar kann ich die

Protagonistin auch nach dem zehnten Mal noch nicht besonders gut leiden, aber ihre Beschreibung des ‚Elends' kann ich nachvollziehen. Außerdem erinnert mich ihre wegwerfende Geste mit der Hand an Carla.

Ich sehe mir den Film an, bis Holly Golightly sich von Doc verabschiedet. Als sie sagt: „Und weißt du, was das Schlimmste ist, Fred, ich bin immer noch Lulu Mae …"

Ich betrachte die beiden Gestalten, die über den Bildschirm flackern. Die junge Frau, die panisch an ihrer Zigarette zieht, der Mann, der still neben ihr steht, aber dessen Anwesenheit beruhigend wirkt. Das Tuch, das sie sich um den Kopf geschlungen hat. Der Mantel, der ihr zu groß ist.

Einen Moment halte ich inne und betrachte die Szene. Dann schalte ich den Laptop aus.

Am nächsten Morgen wache ich davon auf, dass mein Vater neben meinem Bett steht und auf mich herabstarrt. Ich schrecke zusammen und starre ihn verschlafen an. Er rührt sich nicht von der Stelle.

„Ich habe dir doch gesagt, du sollst damit aufhören", murmle ich leise, „Das ist echt gruselig, weißt du."

Er sagt nichts dazu und blickt nur weiterhin auf mich herab. Erst, als ich mich im Bett aufsetze, die Beine ausstrecke und die Füße auf den kalten Fußboden stelle, macht er ein paar Schritte zur Tür und murmelt, dass meine Großmutter das Frühstück vorbereitet habe.

Ich nicke, gehe ins Bad, wasche mir das Gesicht, binde meine Haare zu einem Pferdeschwanz und betrete die Küche. Meine Großmutter steht am Herd und setzt diesen Kaffee auf, den man eigentlich nicht trinken kann, weil er viel zu schwach ist, den ich aber natürlich trotzdem trinke, weil ich nun einmal mein Koffein brauche. Sie hat bereits Bauernbrot in Scheiben geschnitten und Marmeladengläser auf den Tisch gestellt. Mein Vater beschwert sich, sie habe die Fleischwurst vergessen, bis sie ihn darauf hinweist, dass er seine Zeitung darauf abgelegt hat.

Wir reden nicht viel während des Frühstücks. Mein Vater ist schweigsam, weil er im Allgemeinen nicht gerne redet. Ich bin schweigsam, weil ich kein Morgenmensch bin. Nur meine Großmutter lässt hier und da ein paar Bemerkungen fallen: dass heute ein wunderschöner Tag sei, dass ich doch einmal rausgehen solle, ob ich vielleicht später Lust habe, den Hund auszuführen und dass sie sich überlege, welches Kleid sie zur Feier anziehen solle.

Nach dem Frühstück verschwindet mein Vater wortlos im Werkzeugschuppen. Ich werfe meiner Großmutter einen fragenden Blick zu, sie hebt die Schultern.

„Er war schon immer so, vergiss das nicht. Zu deinem Bruder scheint er einen Draht zu haben, vielleicht weil er sein Sohn ist, aber ansonsten ... er war schon immer so zugeknöpft. Sag ihm das nicht, aber ich glaube, das hat auch deine Mutter vertrieben."

Ich zucke mit den Schultern, weil meine Mutter nie über meinen Vater spricht, nicht weil sie noch wütend auf ihn ist, sondern eher, weil sie nicht mehr an ihn denkt. Ich erinnere mich, wie sie sich von meinem Vater trennte, als ich sechzehn war, an die Wohnung, in der wir zwei Jahre lang lebten, bis sie ihren neuen Freund kennenlernte ... und ich das Weite suchte.

„Wie geht es deiner Mutter?", fragt sie mich vorsichtig.

„Bittet er dich darum, mich das zu fragen?"

Sie antwortet nicht, aber sie muss das auch nicht tun, damit ich die Wahrheit kenne.

„Es geht ihr gut", antworte ich wahrheitsgemäß.

Ich nehme einen Schluck Kaffee.

„Oma?"

„Ja?"

„Du weißt schon, dass man Kaffee anders zubereitet als Tee, oder?"

Sie zieht mir den Teller weg und lacht.

„So, jetzt schicke ich dich aber mit dem Hund raus, bevor du zu frech wirst."

Ich verdrehe die Augen, als Benni in die Küche gewatschelt kommt. Ich bin kein Hundemensch, aber speziell diese fette, sabbernde Fellkugel mochte ich noch nie. Einer der Gründe, weswegen meine Großmutter ihrer Schwiegertochter den Auszug nicht übelnahm, war, dass sie endlich keine Allergikerin mehr daran hinderte, einen Hund zu halten. Ich persönlich verstand nicht, inwiefern das ein Gewinn sein sollte, aber mich fragte ja niemand.

Trotzdem verspreche ich meiner Großmutter, Benni auszuführen. Ich gehe von der Küche ins Bad, dusche und föhne mir die Haare. Es ist neblig draußen, aber die Sonne scheint bereits durch den Dunst und kündigt einen warmen Herbsttag an. Ich schnappe mir einen der Schlüssel, nehme Bennis Leine in die Hand und verlasse das Haus. Es liegt am Stadtrand, vom Schlafzimmer meines Vaters aus kann man den Schlossberg sehen.

„Wenn ich morgens aufstehe und nicht den Schlossberg sehe, stimmt etwas nicht", sagt er immer.

„Wenn ich morgens aufstehe und den Schlossberg sehe, stimmt etwas nicht", habe ich letztens zu Carla gesagt. Ihre Reaktion war die gleiche wie sonst auch, wenn ich von meiner Familie erzähle: Halb mitfühlend, halb zweifelnd sieht sie mich an, so als wolle sie mich fragen: „Ist es wirklich so schlimm?"

Ich weiß, dass Carla alles andere als unsensibel ist, aber dennoch bin ich immer verärgert, wenn sie so reagiert, weil Carla gut reden hat. Ihre Mutter kommt regelmäßig sonntags zu uns zum Frühstücken vorbei, ihr Vater half uns, die Wohnung zu renovieren. Sie wissen Bescheid und das von Anfang an, im Gegensatz zu mir hat Carla nie ein Geheimnis daraus gemacht. Ich habe oft mit ihr darüber gesprochen, dass es auf dem Land etwas anderes ist, wenn zwei Frauen zusammenleben, habe ihr oft erklärt, dass ich sie nicht verleugne, sondern beschütze, wenn ich behaupte, sie sei meine Mitbewohnerin.

„Du versteckst mich doch", warf sie mir vor, als mein Bruder mich in Berlin besuchte. Ich stritt es ab, obwohl ich wusste, dass es stimmte. Zwar war das ein Klischee, aber ich befürchtete, dass Andreas, obwohl ich ihm oft vorwerfe, er sei blind, ihr Undercut zu sehr auffallen würde.

„Vielleicht noch mehr Vorurteile?", hätte sie mich schnippisch gefragt, wenn ich versucht hätte, es ihr zu erklären.

Aber genau dort liegt das Problem. Wäre Andreas nicht Andreas, hätten Carlas Frisur und ihr maskuliner Kleidungsstil keine Rolle gespielt. Aber Andreas ist nun mal Andreas und lebt von Klischees. Auch an diesem Wochenende in Berlin hielt er sich nicht zurück.

„Sieht aus wie ein Mannsweib, deine Mitbewohnerin", bemerkte er, als wir zu zweit in einer meiner Lieblingskneipen saßen.

„Ich will nicht, dass du so über sie redest", hätte ich sagen sollen. Was ich aber tatsächlich sagte war : „Ja, kann schon sein. Ist aber auch nicht wichtig."

Dabei war es wichtig. Ich wusste, dass Carla recht hatte und ich sie verleugnet hatte. Nachdem ich Andreas zum Zug gebracht hatte, weinte ich lange, auch wenn mich die Leute am Bahnhof anstarrten. Ihre Blicke waren mir gleichgültig, denn meine Würde hatte ich ohnehin schon verloren.

Benni trabt neben mir her und sabbert auf meine Schuhe. Ich verdrehe die Augen, als er gegen eines der Autos pinkelt, die am Rand des Weges stehen. Der Nebel hängt über den Feldern, ich kann kaum hundert Meter weit sehen. Ich bin mir sicher, dass meine Großmutter mich nicht allein auf einen Spaziergang geschickt hätte, und muss ein wenig lächeln, weil ich den Gedanken, dass hier in dieser beschaulichen Kleinstadt etwas Schlimmes geschieht, ebenso absurd finde, wie die Vorstellung von Benni als Hütehund, der mich wie ein verirrtes Schaf wieder zurück durch den Nebel führt oder mich gegen einen Angreifer verteidigt.

Ich gerate an die Weggabelung. Wenn ich nach links gehe, drehen wir zuerst eine Runde durch den Wald, wenn ich nach rechts gehe, kommen wir zuerst am Denkmal vorbei. Ich überlege kurz und entscheide mich fürs Denkmal. Das Denkmal ... früher war das mein Lieblingsort, an den ich mich zurückzog, um von meinem Bruder in Ruhe gelassen zu werden, wo ich an langen Sommerabenden im kniehohen Gras lag und Gras rauchte, wo ich meine Notizbücher füllte. Der Kies knirscht unter meinen Füßen, ich höre Bennis Hecheln und laufe schneller. Ein bisschen Anstrengung wird ihm nicht schaden, der Hund ist ohnehin zu fett, weil meine Großmutter ihn ständig mit Küchenabfällen füttert. Langsam zeichnet sich der Umriss des Sockels und der Steinskulpturen ab. Lange Zeit verfehlte das Denkmal seinen Zweck, weil die Gedenktafel zu beschädigt war, um lesbar zu sein, und die Menschen, die vorbeikamen, nicht einmal wussten, an welchen Krieg es erinnern sollte. Ein paar Jahre später wurde die Tafel erneuert und jeder wusste, dass es um den Ersten Weltkrieg ging, auch wenn Andreas nach wie vor behauptete, dass es dem Dreißigjährigen Krieg gedenke.

„Der war doch im siebzehnten Jahrhundert, was denkst du denn?", fragte ich ihn, „Was glaubst du, wie alt das Denkmal ist?"

„Zweihundert Jahre?"

Ich lachte ihn aus. Andreas verpasste mir einen Faustschlag in den Bauch. Ich schrie, meine Großmutter kam herein und schimpfte mit meinem Bruder. Als mein Vater dazukam, legte er meiner Großmutter nahe, einen Nachhilfelehrer für meinen Bruder zu engagieren. Sonst sagte er nichts dazu.

Ich setze mich auf die Bank vor dem Denkmal und strecke meine Beine aus, während sich Benni hechelnd und japsend neben mir ins nasse Gras fallen lässt. Es ist seltsam als Erwachsene wieder hierherzukommen, es fühlt sich immer so an, als wären alle Versionen von mir anwesend: die Fünfjährige, die vor den Schikanen ihres älteren Bruders flieht, die Zehnjährige, die dort Musik hört und schließlich die Fünfzehnjährige, die sich heimlich mit Jungs verabredet, vorsichtig, damit niemand, schon gar nicht ihr Bruder, davon erfährt.

Ich beschwerte mich oft bei meinen Eltern über meinen Bruder, doch mein Vater hörte meistens weg, wenn meine Mutter zu ihm sagte: „Jetzt rede doch mal mit ihm."

Sie selbst übernahm diese Aufgabe nie, der mein Vater nicht nachkam. Einzig meine Großmutter schritt ein, wenn sie konnte, auch wenn mein Vater es nicht gerne sah.

Als Elfjährige hörte ich einmal mit an, wie die beiden darüber stritten: Hinter der Küchentür versteckt, traute ich mich kaum zu atmen. Meine Großmutter lehnte am Herd, die Arme verschränkt, während mein Vater unruhig auf und ab ging.

„Du ziehst jetzt also meine Kinder groß, ja?", fragte er leise. Seine gesenkte Stimme jagte mir Angst ein.

„Bleibt mir denn etwas anderes übrig?", erwiderte sie leise, „Deine Frau und du, ihr mischt euch niemals ein, aber habt ihr mal Steffis blaue Flecken gesehen? Streitereien unter Geschwistern sind normal, aber das geht zu weit, er quält das Mädchen ja richtig."

Kurz bevor ich nach Berlin zog, fragte ich eines Abends meine Mutter, warum sie nie etwas gegen Andreas unternommen hatte.

„Ich wusste, dass du mich das irgendwann fragen würdest", sagte sie leise, „Ich habe mich nicht getraut. Ich hatte Angst, es würde schlimmer werden. Ich dachte, vielleicht löst ihr das lieber allein."

„Allein lösen? Mit Andreas?"

„Es tut mir leid", murmelte sie, auch wenn sie wohl wusste, dass es nicht ausreichte.

Wir verfielen in Schweigen.

„Steffi", setzte sie an, „Ich muss dich dazu noch etwas fragen."

Ihr Tonfall gefiel mir nicht. In ihrer Stimme schwang eine Besorgnis mit, die mir fremd war.

„Euer Vater hat mir erst vor kurzem von diesem Nachmittag vor drei Jahren erzählt, als ich bei meiner Schwester war und du um Hilfe geschrien hast, bis Oma in dein Zimmer kam."

Ich verkrampfte mich.

„Das wundert mich nicht, dass er es dir so lange verschwiegen hat. Er schweigt auch immer alles tot."

„Was ist da passiert?"

„Das willst du jetzt wissen?", fragte ich. „Jetzt, nach all der Zeit?"

„Nein, ich muss es wissen."

„Vorher hat es dich auch nicht interessiert. Er hat mich geschlagen, was sonst. Ich hatte Angst vor ihm."

„Steffi“, sie sah mir in die Augen, „Aber etwas Schlimmeres ist nicht vorgefallen?“

Fassungslos starrte ich sie an.

„Nein“, antwortete ich langsam, „Nein, ist es nicht.“

Sie atmete auf.

„Warte. Wo kommt das jetzt auf einmal her?“

„Ich habe deinen Bruder seit zwei Jahren nicht gesehen ... Und dann hat mir dein Vater von dieser Sache erzählt. Das hatte ich nicht erwartet“

„Wieso fragst du mich das?“

Meine Mutter legte mir die Hand auf die Schulter. Ich schüttelte sie ab und stand auf.

„Weißt du, ich kauf dir nicht ab, dass nur ein Gespräch mit meinem Vater das ausgelöst hat. Mag sein, dass du nicht von diesem Abend wusstest, aber dir war die ganze Zeit klar, dass er mich quält. Und wenn du mich das fragst, heißt das doch, dass zumindest ein Teil von dir es für möglich gehalten hat.“

„Nein“, meine Mutter weinte, „Steffi, du siehst das völlig falsch.“

„Das glaube ich nicht“, ich griff nach meiner Jacke und wandte mich der Tür zu, „Ich werde jetzt gehen.“

Benni schaut mich mit großen Augen an. Ich kraule ihm den Kopf, auch wenn sein Fell feucht und modrig riecht. Er hechelt und ich vermisse Mischka, die sich vermutlich auf meinem Bett zusammengerollt hat und friedlich schnurrt.

„Steffi“, sagt jemand hinter mir und ich zucke zusammen.

„Oh“, bringe ich nur hervor, als er vor mir steht.

„Heute hast du wohl keine Gelegenheit einfach wegzurennen, wie beim letzten Mal, oder?“

Ich schüttle den Kopf, als er sich vor mir aufbaut.

„Was machst du hier?“

„Mein Onkel hat Geburtstag.“

Ich will aufstehen, doch er stellt sich mir in den Weg.

„Wenn wir uns irgendwo wieder begegnen, kannst du nicht einfach wieder wegschleichen, oder? Hab ich dir doch gesagt.“

„Nico, bitte“, ich spüre, wie mein Herz schneller zu pochen beginnt.

„Was, bitte?“

„Ich mag es nicht, wenn du so mit mir redest.“

„Tut mir leid“, er lässt sich neben mich auf die Bank fallen, „Das kam jetzt unheimlicher an, als ich es wollte.“

„Schon in Ordnung.“

„Nein, ist es nicht. Ich will nur nicht, dass wir uns weiterhin so komisch verhalten. Ich sehe ja ein, dass wir in diesem Leben keine besten Freunde mehr werden, aber müssen wir uns ignorieren, wenn wir uns irgendwo begegnen?“

Ich streichle Benni über sein stinkendes Fell.

„Ja, du hast recht. Die letzten Male, als wir uns gesehen haben, waren nur so komisch.“

„Und deswegen bist du gestern weggerannt?“

„Andreas hat im Auto gewartet.“

„Daran liegt es also.“

„Irgendwie schon.“

„Steffi, du bist eine erwachsene Frau. Er kann dir nichts mehr anhaben.“

„Ich komm’ schon klar.“

„Du hast immer noch Angst vor ihm.“

„Nenn es nicht so. Sagen wir, es ist eine schlechte Angewohnheit, die ich nicht ablegen kann.“

Ich erhebe mich von der Bank.

„Lass uns ein Stück gehen.“

Benni trabt missmutig neben uns her, die Hundeleine in meiner Hand hängt durch.

„Wie geht es dir eigentlich?“, fragt er mich.

„Gut.“

„Mehr verrätst du mir nicht?“

„Entschuldige“, ich lache nervös und fahre mir durchs Haar. Der Feldweg geht in einen Waldweg über, Tannen verschlucken das Tageslicht. Es ist kühler hier. Ich ziehe den Schal enger.

„Wie geht es Laura?“, frage ich stattdessen.

„Gut. Wir sind vor einem halben Jahr zusammengezogen."
„Wirklich? Das wusste ich gar nicht."
„Wie willst du das auch wissen, wenn du nie hier bist?"
„Es tut mir leid, Nico. Du weißt doch, warum."
„Ich weiß. Aber ich glaube, deiner Oma wäre es auch lieber, wenn du häufiger hier wärst."
„Sie kann ja auch nichts dafür."
„Und was spricht dagegen? Abgesehen von deinem Bruder natürlich?"
„Na ja, da wäre die Tatsache, dass ich ihnen vielleicht allmählich sagen sollte, dass ich schon seit einem Jahr nicht mehr studiere und nicht als Kellnerin in einem Café arbeite, sondern dass ich das Café zusammen mit meiner Mitbewohnerin betreibe, die eigentlich nicht meine Mitbewohnerin, sondern meine feste Freundin ist."
„Wow."
„Ich weiß."
„Den Teil mit Carla verstehe ich ja noch. Aber warum behauptest du, du würdest noch studieren? Machst du das, um Geld abzustauben?"
„Nein! Ich habe ja früher BAföG bekommen. Aber wenn ich sage, dass ich mit Carla zusammen das Café betreibe, fragen sie mich, warum ich dann studiert habe und denken sich vielleicht, dass sie nicht nur meine Mitbewohnerin ist."
„Und da ist eine Lebenslüge praktischer?"
„Nenn mich nicht Feigling."
„Das muss ich gar nicht", Nico lacht und kickt einen Stein beiseite. Ich seufze. Benni keucht, als wir bergab laufen. Der Tierarzt sagte, es stehe nicht gut um seine Gelenke. Ich frage mich, warum meine Großmutter ihn dann weiterhin beharrlich füttert.

In Nicos Haar sitzt ein kleines Insekt, vielleicht ein Grashüpfer. Seine Hände wuscheln grob durch seine Frisur, als ich ihn darauf hinweise. Ich kann es nicht mitansehen, fordere ihn auf stillzuhalten, fische das kleine, grüne Tier aus seinem blonden Schopf und setze es auf die Erde. Kopfschüttelnd sieht er auf mich herab. Ich dagegen starre auf sein kräftiges Kinn, seine Bartstoppeln, seinen abgewetzten Pullover und finde, dass sein Äußeres sich stark verändert hat. Er ist reifer geworden, kantiger. Weniger unbeholfen.

Unbeholfen waren wir damals beide, auch wenn er den Mut gehabt hätte, sich zu mir zu bekennen und sich gegen meinen Bruder und seine Freunde zu behaupten. Nur mir fehlte der Mut. Anfangs versuchten wir alles, um es geheim zu halten. Aber wie geschickt wir es auch anstellten, blieb in dieser kleinen Stadt letztendlich doch nichts geheim. Sogar die Wände schienen Ohren zu haben und gierige tratschende Münder trugen alles in Sekundenschnelle weiter. Dennoch waren wir sieben Monate lang nur zu zweit. Wir verspürten eine Ahnung von Glück, vielleicht wäre es sogar mehr gewesen, hätte uns nicht die ständige Anwesenheit von Andreas und seiner Clique beunruhigt.

Einmal fragte mich Andreas, ob ich mich mit jemandem träfe. Ich verneinte.

Er sagte: „Gut. Du bist zu jung, Schwesterchen. Zu jung, als dass du jemanden treffen könntest und ich es dir erlauben würde."

Ich ahnte nichts, als ich an einem Donnerstagnachmittag von der Schule nachhause kam. Wie jeden Tag durchquerte ich den Hof, stieg die Treppe nach oben, ging über die Veranda und schloss die Küchentür auf. Meine Großmutter war nicht zu Hause, auch hatte ich ihr Fahrrad nicht im Hof stehen sehen. Von meinem Vater und Andreas war keine Spur. Der Gedanke, ein paar Stunden allein zuhause zu sein, gefiel mir. Ich zog in Erwägung, heute nicht zu lernen, obwohl ich in zwei Tagen einen Mathetest schreiben würde, und den ganzen Nachmittag lang fernzusehen, nein, die Sendungen zu sehen, auf die ich Lust hatte. Ich betrat mein Zimmer – und erstarrte. Im Sessel neben meinem Bett saß mein Bruder und starrte mich durchdringend an.

„Tag Schwesterchen."

Ich nickte unsicher. Wenn Andreas mich ‚Schwesterchen' nannte, war das nie ein gutes Zeichen. Also blieb ich abwartend vor ihm stehen und hasste mich dafür, dass meine Hände zitterten.

„Weißt du noch, wie ich dich gefragt habe, ob du dich mit

jemandem triffst?“

Ich nickte.

„Und erinnerst du dich auch noch, wie ich dir gesagt habe, dass ich dir das nicht erlauben würde?“

Ich nickte erneut.

„Thomas hat euch gestern gesehen.“

Hektisch huschten meine Blicke durch den Raum und suchten nach Fluchtmöglichkeiten. Das Fenster lag nur ein paar Schritte entfernt, war allerdings verriegelt. Andreas kam näher. Ich wich zurück, bis mein Rücken gegen die Tür stieß.

„Ich habe dir doch gesagt, lüg mich nicht an.“

„Andreas“, brachte ich mühsam hervor, „Bitte, lass es mich erklären.“

„Was gibt es da zu erklären, Schwesterchen? Du lügst mich an. Und du hurst herum, dabei bist du erst fünfzehn.“

Ich schnappte empört nach Luft.

„Ich. Hure. Nicht. Herum.“

Er kam noch näher. Seine Gestalt war riesengroß, die Schultern breit. Unter seinem engen T-Shirt zeichneten sich seine angespannten Muskeln ab. Er war bereit zum Angriff.

„Bist du dir da ganz sicher?“

„Bitte, Andreas.“

„Bitte, was?“

„Du darfst mich nicht wieder schlagen“, flehte ich, „Bitte nicht. Und Papa wird auch schon misstrauisch, wenn ich ihm wieder meine blauen Flecken zeige.“

„Die blauen Flecken werden ihm egal sein, wenn ich ihm sage, dass du dich hinter unserem Rücken mit irgendwelchen Kerlen triffst. Und Mama macht sowieso nichts. Tut sie nie.“

Ich kniff meine Augen zusammen, als mir Tränen die Wange hinunterliefen. Gleichzeitig spürte ich, wie meine Bauchmuskeln sich instinktiv zusammenzogen. Vielleicht erinnerte sich mein Körper selbstständig daran, dass er mir immer zuerst in den Bauch boxte. Durch einen Tränenschleier und den Spalt zwischen den geöffneten Vorhängen blickte ich nach draußen auf die Straße und hoffte, das Fahrrad meiner Großmutter würde endlich um die Ecke biegen. Ich sehnte mich so sehr danach, das weiße Damenfahrrad zu entdecken, ihre kleine, aufrechte Gestalt im Sattel, den vollbeladenen Einkaufskorb. Doch da kam niemand, die Straße lag leer da.

Andreas Schlag ließ mich in die Knie gehen. Ich umschlang mit dem einen Arm meinen schmerzenden Bauch, mit dem anderen stützte ich mich auf dem Teppich ab. Panisch schnappte ich nach Luft und spürte den salzigen Geschmack von Tränen auf meinen Lippen. Kaum hatte ich wieder Kraft, mich aufzurichten, tasten meine Hände nach dem Türknauf, aber zu spät. Andreas Finger krallten sich in mein Haar. Ich schrie, doch niemand hörte mich, als er mich durch das Zimmer schleifte und auf das Bett stieß. Eine Ohrfeige. Und noch eine. Meine Gesichtshaut brannte. Ich schrie, flehte ihn an, aufzuhören, verwünschte ihn, schrie erneut um Hilfe, bis mir schwarz vor Augen wurde.

Meine Großmutter erzählte mir später, sie habe mich bereits an der nächsten Kreuzung schreien gehört. Die Nachbarn hörten es vermutlich auch, aber ich bin mir sicher, dass es sie nicht wirklich kümmerte. Nie habe sie sich in ihrem ganzen Leben so erschrocken, sagte meine Großmutter am selben Abend zu mir, als sie in mein Zimmer kam und sah, wie mein Bruder mir die Luft mit dem Kissen abschnürte, mich dann wieder freigab und rief: „Gib es zu." Ich schrie jedes Mal „Nein", auch wenn das Kissen sich wieder auf mein Gesicht herabsenkte und ich keine Luft bekam. Ich wusste nicht, dass meine Großmutter ihr Fahrrad im Hof gerade fallen ließ und über die Veranda stürmte. Doch ich war mir sicher, dass es das letzte Mal sein würde, dass Andreas mich quälte. Nicht, weil ich dachte, all das würde Konsequenzen haben. Sondern weil ich sicher war, mein Bruder würde mich töten.

Nico schaut ernst zu mir herab. Ich muss ihm nicht sagen, woran ich gerade denke. Wortlos streckt er die Hand aus und hilft mir auf die Füße.

„Danach ist nie wieder etwas vorgefallen, oder?"

Ich schüttele den Kopf.

„Ich glaube, sogar Andreas war schockiert von sich selbst. Vielleicht ist ihm erst später klargeworden, dass er mich hätte umbringen können. Andere Familien hätten beide Kinder vielleicht in Therapie geschickt. Aber bei uns war das anders. Mein Bruder bekam kein Taschengeld mehr und durfte nicht mehr ausgehen. Und mein Vater hat ihn an diesem Abend geschlagen, obwohl ich ihn gebeten habe, es nicht zu tun. Das war das erste und einzige Mal, dass er eines seiner Kinder geschlagen hat. Danach kam das nie wieder vor. Meine Großmutter hat danach wie ein Luchs auf mich aufgepasst. Bis heute ist sie ein wenig übervorsichtig, wenn es um mich geht."

„Und wie ist es mit Andreas?"

„Na ja, ich weiß, dass nie wieder etwas passieren wird. Aber wir stehen uns nicht nahe. Weißt du, vielleicht wäre es einfacher, wenn wir uns oft sehen würden, auch darüber sprechen würden … Mein Bruder ist mir fremd."

Wir laufen nebeneinander her, die Hände in den Taschen vergraben. Ein Spaziergänger kommt uns entgegen. Er muss zugezogen sein, denn Nico grüßt ihn, während mir sein Gesicht völlig unbekannt ist. Pfeifend läuft er an uns vorbei. Leute, die bei Spaziergängen pfeifen, sind mir unheimlich. Ich schwenke leicht nach links und laufe noch näher neben Nico, der nicht überrascht ist. Er kennt meine Neurosen, im Gegensatz zu mir sind sie weder gealtert, noch verschwunden.

Als das Wäldchen hinter uns liegt und wir die kleinen, geduckten Häuser des Dorfes wieder sehen können, bleibt er stehen.

„Ich würde dich ja zu uns nachhause einladen, zu Laura und mir", beginnt er.

„Aber?", frage ich, weil er das an dieser Stelle von mir erwartet.

„Es hat keinen Zweck."

„Wieso denn?"

„Das weißt du genau. Du würdest nicht kommen. Oder etwa doch?"

Ich beiße mir auf die Lippen. Langsam geht mein Blick auf Wanderschaft, er streift den herbstlichen Wald, die kahlen Äcker, auf denen höchstens noch ein paar Strohhalme auf der zerrissenen Erde liegen, das Dorf. Es sieht trostlos auf. Schließlich bleibt er an Nico hängen. Er kennt meine Antwort bereits.

„Nein", gebe ich schließlich zu, „Ich würde nicht kommen."

Wortlos umarmt er mich, seine Hand, die ungeschickt meine Schulter drückt, sagt mir: „Pass auf dich auf."

Ich bleibe stehen und höre nichts außer dem Rauschen des Windes, Bennis Hecheln und Nicos Schritte, die sich langsam entfernen. Als er zwischen den ersten Häusern verschwindet, bin ich allein, umgeben von Feldern, die nicht mehr bestellt werden, auf einem winzigen, schmalen Weg durch die Leere. Ich drehe mich um meine eigene Achse, versuche, doch noch einen anderen Spaziergänger zu erkennen, doch da ist nichts. Ich atme tief ein und ermahne mich selbst, nicht zu weinen. Dann gehe ich weiter.

Später sitze ich in der Küche bei meiner Großmutter. Sie schält Kartoffeln, nicht weil Großmütter in der Vorstellung einfach immer Kartoffeln schälen, sondern weil mein Onkel jeden gebeten hat, Essen zu seiner Feier mitzubringen. Zwar sollte er wissen, dass seine Mutter solche Aufforderungen ein wenig zu wörtlich nimmt, aber wahrscheinlich war genau das die Absicht dahinter. Obwohl meine Großmutter genau weiß, dass es wieder einmal zu viel Essen sein wird, hat sie versprochen, einen Kartoffelsalat und einen Wurstsalat mitzubringen und einen Marmorkuchen zu backen.

Auf meinen Einwand, dass es doch viel zu viel sei, antwortete sie nur trotzig: „Dann nimm eben noch ein bisschen was nach Berlin mit."

Unnötig zu erwähnen, dass in meinem Koffer kein halb geleertes Büffet Platz hat.

Wie immer habe ich ihr meine Hilfe angeboten, wie immer wurde sie abgelehnt. Es ist ein fest eingespieltes Ritual zwischen uns, dass meine Großmutter die Küche zu ihrem Revier erklärt, in dem niemand sonst das Sagen hat, nicht einmal wenn es darum geht, eine Zwiebel kleinzuhacken oder ein wenig Teig zu rühren.

Ich werde an den Küchentisch verbannt, vor mir eine Tasse mit dem furchtbar dünnen Kaffee, den Carla als Sakrileg betrachten würde. Meine Großmutter hat mir eine Zeitung zum Lesen gegeben, ich habe die Augen verdreht, weil mich das Regionalblatt wirklich nicht interessiert, aber nun lese ich Werbeanzeigen für Klempner und Partyservices oder tue zumindest so, weil ich das Bedürfnis unterdrücke, mit meiner Großmutter über Carla zu reden. Wie mein Vater oder Andreas reagieren würden, kann ich mir ziemlich gut vorstellen, aber ihre Reaktion ist für mich ungewiss.

Meine Großmutter hat den Konservatismus des Südwestens zwar adaptiert, allerdings eher aus einer optimistischen als einer pessimistischen Haltung heraus. Sie hat vieles erlebt und vieles gesehen, Kriegs- und Nachkriegsjahre in der Kindheit, einen Verlobten, einen Ehemann, zwei Kinder. Eines davon hat sie nie verlassen.

Sie liebt das Altbewährte. Ihr Haus ist nach Jahrzehnten immer noch dasselbe, bis auf ein paar Renovierungen, im Stadtblatt stehen immer noch die gleichen Anzeigen, am Wochenende geht sie Jahr für Jahr in dieselbe Kirche, manchmal auf eines der Hoffeste. Sie muss nicht klammern, um an diesen Dingen festzuhalten, denn in dieser Gegend schätzt man die Veränderung nicht und wehrt sie ab, wie man kann. Aber die Veränderung ist listig und so schleicht sie sich dennoch ins Dorfleben, kleine Details stimmen nicht mehr, anfangs fällt es den Menschen nicht auf, und wenn sie es bemerken, ist es schon zu spät. Die meisten Menschen schimpfen, wenn sie sich dessen bewusst werden, doch meine Großmutter lässt sich nicht aus der Ruhe bringen. Sie hält ihre kleine Welt für unerschütterlich, diese kleinen Beben schaffen es nicht einmal, ihre Lesebrille verrutschen zu lassen.

Ich weiß, dass ich, wenn ich es nicht allen sagen will, jeden Einzelnen im Unklaren lassen muss und das macht mir zu schaffen, da es mir ungerecht vorkommt, jeden Cousin, jede Tante für Andreas Ignoranz und die väterliche Missbilligung zu bestrafen. Einzig meine Mutter weiß es, aber sie kann auch vor Andreas ein Geheimnis bewahren. Sie lebt in Freiburg, besucht Andreas und ihre Enkel regelmäßig bei einem betont höflichen Abendessen, bei dem betont wenig Wichtiges besprochen wird.

Es ist seltsam, dass ich es ausgerechnet ihr sagte, denn eigentlich ist meiner Mutter mein Liebesleben ziemlich gleich, so sehr, dass sie mich nie danach fragte. Als ich ihr irgendwann sagte, wer Carla war, war sie nicht schockiert, nicht verärgert, nicht erleichtert.

„Das überrascht mich nicht", meinte sie nur, „Du mit deiner Angst vor Männern."

„Ich habe Angst vor Männern?", fragte ich verwundert.

„Erst dein Vater, dann Andreas. Und jetzt versuchst du, alldem zu entkommen und lebst mit einer Frau zusammen. Ergibt das keinen Sinn?"

„Nein", sagte ich langsam und musste dennoch lachen, weil mich die Vorstellung von Carla als Angsttherapie amüsierte. Mein Lachen beendete unser Gespräch, weil meine Mutter glaubte, ich mache mich über sie lustig.

Vor einem Monat besuchte sie mich in Berlin. Carla versuchte mit ihr ins Gespräch zu kommen, suchte nach einer Meinung, einer Bestätigung, dass jemand ihre Existenz akzeptierte, doch meine Mutter brachte ihr das gleiche freundliche Desinteresse entgegen, mit dem sie stets mein Studium, meinen Blog oder unser Café betrachtet hatte.

Die einzige Frage, die sie wirklich beantwortet wissen will, ist ihr bei jeder Begegnung hektisch hervorgebrachtes „Geht es dir gut?", dann ihre Erleichterung, wenn ich diese Frage bejahen kann, ohne zu lügen. Ein schlechtes Gewissen wiegt nun einmal schwer.

Meine Großmutter schiebt den Kuchen in den Ofen und kündigt an, vor der Feier ein Schläfchen machen zu wollen.

„Leg dich doch auch hin."

„Ich bin aber nicht müde."

Mein Protest wird ignoriert. Sie schiebt mich in das alte Kinderzimmer meines Vaters und kündigt an, mir einen Früchtetee zu machen, eine Sorte, vor der mir graut. Schließlich gehorche ich, setze mich auf die Matratze, schwinge meine Beine über die Bettkante und starre zur Decke. Ich höre den Wasserkocher in der

Küche blubbern, achte auf ihre energischen Schritte, die den Flur hinter sich lassen. Sie klopft an meine Tür, wofür ich sie liebe, und stellt die dampfende Tasse auf meinem Nachtisch ab. Ich setze mich auf, sie schaut mich fragend an. Ich nehme die Tasse in beide Hände, puste auf den Tee. Und trinke ihn anstandslos.

Zwei Stunden später stürmt mein Vater ins Zimmer, als ich mir gerade das blaue Kleid über den Kopf ziehe.

„Was brauchst du denn immer so lange?", fährt er mich an.

Ich bin verärgert, dass er nicht an meine Zimmertür klopfen kann. Als Andreas mit quietschenden Reifen vorfährt, seiner Frau bedeutet, auszusteigen, damit mein Vater auf dem Beifahrersitz Platz nehmen kann, bin ich erst recht nicht begeistert, weil meine Großmutter und ich uns mit Maria und ihren beiden quengelnden Kindern auf die Rückbank quetschen müssen. Um die Stimmung dennoch zu retten, lächle ich dem jüngeren Kind zu. Es fängt an zu weinen. Maria sieht mich an, als wäre ich ein Monster, und ich wünsche mich zurück nach Berlin, während meine beiden Nichten, die mir fast noch fremder sind als ihr Vater, meine Frustration mit dramatischem Geheule begleiten.

Wir nehmen die kurvige Straße zum Waldgasthof. Maria bittet ihren Mann, ein wenig langsamer zu fahren, aus Protest schneidet er umso aggressiver die Kurven. Ich habe Angst, dass mir übel wird, und sehe stur geradeaus. Als wir den ‚Stern' erreichen, öffnet Andreas die Autotür, hilft aber meiner Großmutter nicht aus dem Wagen, was ich ihm übler nehme, als sie es tut. Die Tür zum Wirtshaus geht auf, schallendes Gelächter dringt nach draußen. Ich rücke meine Frisur zurecht und verfluche meine Großmutter dafür, dass sie mich genötigt hat, mitzukommen, denn ich kann meinen Onkel Theo nicht leiden, vor allem nicht, wenn er ein paar Bier intus hat. Dass mein Bruder sich mit ihm bestens versteht, macht es auch nicht besser.

Ich atme tief ein und betrete nach meiner Großmutter den ‚Stern'. Mein Onkel thront am Kopfende einer langen Tafel, neben sich hat er Plätze für meinen Vater und für Andreas freigehalten. Meine Großmutter, Maria, die Kinder und ich werden an einen kleinen, runden Tisch daneben verbannt. Ich balle in den Manteltaschen meine Hände zu Fäusten. Theo entdeckt uns und erhebt sich. Andreas wird mit Schulterklopfen begrüßt, ich bekomme einen feuchten, nach Bier riechenden Kuss auf die Wange gedrückt. Wütend mache ich mich los und erwidere Theos Gruß nicht, danach spricht er kein Wort mehr mit mir. Ich setze mich neben meine Großmutter und bestelle einen Wein. Trockenen Weißwein gibt es nicht, dennoch trinke ich in vollen Zügen den süß-säuerlichen Riesling, den man mir serviert. Zehn Minuten später bin ich betrunken.

Maria versucht, sich mit mir zu unterhalten, obwohl ihre Kinder mich nach wie vor ängstlich anstarren. Ich habe keine Lust, mit ihr zu reden. Sie ist nicht besonders witzig und langweilt mich, aber das ist kein Grund für meine Abneigung. Etwas an ihr ist mir zutiefst suspekt, vor allem, dass sie meinen Bruder vergöttert. Wer Andreas bedingungslos liebt, hat sich mein bedingungsloses Misstrauen verdient.

Vielleicht habe ich deswegen so wenig Mitleid mit ihr, auch wenn ihre Kinder sie den ganzen Abend terrorisieren und sie sich Sorgen macht, weil ihr Mann zu viel trinkt. Ich blicke aus dem Fenster, auf die Berge, die ich in Berlin wirklich niemals vermisse, vermisse aber in diesem Moment Carla besonders schmerzlich.

Während des Essens zieht alles an mir vorbei, doch als manche sich die Desserts bestellen, verfliegt meine betrunkene Trägheit. Langsam nehme ich wieder Dinge wahr: Gesprächsfetzen, das Lachen meiner Nichten, die auf einmal bestens gelaunt sind, Andreas und Theo, die Arm in Arm dasitzen. Andreas breites Gesicht, gerötet und verzerrt vom Biertrinken. Andreas Gesicht ... Ich lege meine Gabel nieder und lasse das Kuchenstück auf dem Teller liegen. Stattdessen starre ich über die Schulter meiner Großmutter meinen Bruder an, obwohl er nichts tut, außer mit meinem Onkel über alte Geschichten zu lachen. Ich beiße mir auf die Lippen, denn ihre Nostalgie macht mich wütend.

„Für euch sind die Geschichten vielleicht lustig, aber nur für euch", murmele ich so leise, dass mich niemand hören kann. Nur Maria neben mir runzelt fragend die Stirn.

Ich konzentriere mich und kann ein paar der Sätze mithören, die an der Tafel gesprochen werden.

„Erinnerst du dich an den alten Metzger im Dorf? Inzwischen hat ja sein Sohn die Geschäfte übernommen, aber ich spreche von seinem Vater", Theo unterdrückt ein Rülpsen.

„Klar kenne ich den noch."

„Der ist vor kurzem gestorben, hast du es mitbekommen?"

„Ja klar. Aber bei der Beerdigung bin ich nicht gewesen, der war immer so eklig zu uns."

„Der war doch eklig zu allen Kindern. Auch zu seinen eigenen."

„Ja, aber mit uns war das noch mal was anderes. Er hat uns die Sache mit seinem Hund immer übelgenommen."

„Wieso, was ist passiert?"

„Es ist eigentlich gar nichts passiert. Steffi hat sein Gartentor aufgemacht und der Hund ist abgehauen. Er wurde bald gefunden, aber ..."

Ich stehe auf und stoße dabei gegen die Tischkante. Meine Großmutter sieht mich fragend an, aber ich wende mich an Andreas.

„Das stimmt nicht", sage ich so laut, dass mich jeder in der Gaststätte hören kann.

Andreas lehnt sich nach vorne.

„Was?"

„Nicht ich habe damals den Hund herausgelassen", erwidere ich, „Ich konnte den Metzger nicht leiden, ebenso wenig wie du. Aber ich hätte nie riskiert, dass dem Tier etwas passiert."

Andreas zieht eine hämische Grimasse.

„Ist ja eigenartig. Und warum erinnert sich dann jeder daran, dass du es warst?", fragt er mich.

„Doch nur, weil du es ihnen eingeredet hast", meine Stimme bebt, „Ich war das nicht."

„Wer's glaubt", er greift nach seinem Bierglas. Doch bevor er daraus trinken kann, verlasse ich meinen Platz, durchquere den Raum und reiße es ihm aus der Hand. Verblüfft starrt er mich an, als ich das Glas mit voller Wucht auf den Tisch schmettere. Die Platte ächzt, doch das Glas bleibt ganz.

„Du warst es, du warst es, du warst es!“, nun schreie ich es ihm ins Gesicht. Die Verwandtschaft beginnt zu tuscheln. Ich höre, wie mein Vater Theo ratlos fragt: „Was soll denn das?“

Andreas sieht weg, eine Kellnerin eilt herbei, um das verschüttete Bier aufzuwischen. Ich kehre zu meinem Platz zurück, hole mir Mantel und Tasche. Meine Großmutter ist die Einzige, deren Blick kein Vorwurf ist, ich erkenne darin nur Traurigkeit. Ich drücke kurz ihre Hand, ein richtiger Abschied ist uns nicht gegeben, und schlüpfe in meinen Mantel. An die anderen richte ich kein Wort – stattdessen stürme ich hinaus in die Dunkelheit.

Der ‚Stern‘ liegt auf einer kleinen Anhöhe. Zurück in die Stadt gelangt man entweder über die kurvige, schmale Straße oder über einen Waldweg, der an einem kleinen See und schließlich am Denkmal vorbeiführt, bis man die Felder wieder erreicht. Ich entscheide mich für den abgeschiedenen Fußweg, auch wenn meine Großmutter sich furchtbar sorgen würde, wenn sie wüsste, dass ihre Enkelin im Finsteren allein durch den Wald läuft. Doch ich befürchte, dass sie Andreas bitten wird, mich suchen zu gehen und dafür wird er das Auto nehmen, denn niemand, nicht einmal meine Großmutter, könnte Andreas dazu bringen, zu Fuß betrunken loszuziehen und seine Schwester zu suchen. Im Wald können wir uns nicht begegnen, mein Bruder und ich, zumindest nicht heute. Dennoch ist mir unheimlich, als ich über den mit Nadeln bedeckten Boden stapfe und das Echo meiner Schritte durchs Dickicht dringt. Ich versuche, an Carla zu denken, um das Unbehagen zu vertreiben, doch das Gefühl von Beklemmung lässt mich nicht los, schnürt mir die Luft ab, bis ich glaube, mein lautes Atmen müsste durch den halben Schwarzwald zu hören sein.

Besonders der See sieht im Dunkeln unheimlich aus, so als berge das kalte Wasser ein Ungeheuer, dabei ist er bei Tag kaum mehr als ein verschmutzter Tümpel. Dennoch eile ich schnell weiter, erst beim Denkmal kann ich mich sicher fühlen.

Als ich endlich davorstehe, geht es mir besser, denn Zufluchtsorte sind unsterblich: Nachts wirkt das Denkmal um einiges imposanter, die hässlichen Schmierereien und eingeritzten Initialen auf der Steinplatte kann man im Dunkeln nicht sehen, stattdessen ragen die wuchtige Steinplatte und die Silhouette der Statuen mächtig und beschützend vor mir auf. Als Kind habe ich versucht, auf die Figuren zu klettern, wurde aber beim Versuch von Frau Pfisterer erwischt, die ein paar Straßen entfernt von uns wohnte und die mir drohte, mich bei meinem Vater anzuschwärzen. Ich lasse meine Tasche fallen, lege meine Hände auf den rauen Stein und klettere auf die Platte, auf der auch die Skulpturen angebracht sind. Die beiden Soldatenfiguren sind kleiner als ich, als Kind erschienen sie mir riesig, heute kann ich ihnen die Hand auf die Schulter legen. Als ich es tue, fühle ich mich so, als würde ich sie trösten oder so, als würde ich mich entschuldigen, dafür, dass ich so weit fortgegangen bin. Dabei warten sie hier immer auf mich, geduldig und verständnisvoll, wie sie es auch damals waren, als ich nur hierherkam, um von einem anderen Ort und einem anderen Leben zu träumen.

„Es tut mir leid", murmle ich leise, meine Wange an den kalten Steinkopf des Soldaten gelehnt. Und erneut erscheinen sie mir, nur mir und dem Denkmal: die Fünfjährige, die mit ihren blauen Flecken das Zählen gelernt hat. Die Zehnjährige, mit Kopfhörern und Notizbuch. Die Fünfzehnjährige, in der Hand einen Joint. Alle drei starren mich vorwurfsvoll an, denn sie kennen die Wahrheit: Dass sie hierbleiben müssen, am Fuß der Gedenkstätte, und sich niemand an sie erinnern wird. Es stimmt, ich bin ein Feigling, denn ich werde das tun, was ich immer getan habe: Weglaufen, dahin, wo alles anders ist und ich einen anderen Namen trage, während die Erinnerung vom Horizont nicht verschwindet, aber immer kleiner wird, je schneller ich vor ihnen fliehe.

Bella Bender wurde am 10. Mai 1997 in Baden-Baden geboren und ist dort aufgewachsen. Schon seit ihrer Jugend ist sie begeistert von guten Geschichten und entschloss sich daher nach einem abgebrochenen Studium, selbst zu schreiben.

Im Juni 2017 erschien ihr erster Kurzgeschichtenband „Tinte in Wasser“. Inzwischen lebt und studiert sie in Heidelberg.

www.bellabender.de

Ebenfalls erschienen

Ava Sergeeva: „Ich bin Merkur“

Wenn aus Freundschaft Liebe wird.
Und aus Liebe Besessenheit.
ca. 150 S., Edition Periplaneta,
Coverphoto by Olenka Kotyk
print ISBN: 978-3-95996-093-9#
epub ISBN: 978-3-95996-092-2

Dex und Joana gehören seit ihrer Kindheit zusammen. Doch während Dex ausschließlich Joana braucht, sehnt sich Joana auch nach anderen Menschen. Dex lässt ihr diese Freiheit, soweit das möglich ist. Bis plötzlich Marco in Joanas Leben tritt …

Maschenka Tobe: „Wir waren die Kosmonauten“

Ein Roman über das Erinnern, das Erzählen,
über vergessene Helden und das Weltall.
print ISBN: 978-3-95996-085-4
epub ISBN: 978-3-95996-086-1

Wohin verschwinden Erinnerungen, wenn man sie vergisst? Ist das Erzählen die einzige Kur gegen das Vergessen? Und was ist, wenn man nicht weiß, ob der Zuhörer überhaupt hören kann?
Maschenka Tobe vereint in ihrem Roman die Geschichten berühmter und vergessener Helden der Kosmonautik mit der ebenso hinreißenden wie ungewöhnlichen Geschichte einer Freundschaft.

www.periplaneta.com

Inhalt

Der Turm ... 5
Am Zaun entlang ... 10
Der Preis von Zucker ... 14
Wir legen Wert auf Authentizität ... 16
Aushalten ... 25
Niemand kennt meinen Namen ... 42
Die Müllsammlerin ... 48
Grüße den Leoparden ... 53
Er ist nicht hier ... 58
24 ... 87
Medium rare ... 100
Drei Könige ... 109
Aufwachen ... 122
Gestalten am Denkmal ... 129